山下明

稼ぐ力は会計で決まる

GS
幻冬舎新書
761

はじめに

「じつのところ会計は苦手だ」という社長は少なくありません。机に向かって数字とにらめっこする時間があったらお客さま回りをしたほうがよいと、堂々とおっしゃる社長もいます。

一方、会計事務所に勤める方はその逆です。人と話すのが苦手だから簿記の勉強をしたという人が多くいらっしゃいます。

日本は戦後、ＧＨＱの管理下で、新しい民主的な納税方式を採用します。申告納税制度です。簿記によって算出された利益に税率を掛けて税額を計算する、極めて合理的な納税方法です。

当時の日本の商人には、帳簿をつける習慣はありませんでしたが、新しい納税方法に従うしかありません。そこで会計事務所が記帳代行を請け負うことになりました。商売の結果を計るための帳簿が、日本では、納税のための計算手段だと捉えられるようになりました。

私はこれこそが悲劇であり、この悲劇が日本の中小企業の7割が赤字という現実を生んだ根本原因だと考えています。

会計は、税額計算のために必要なのではなく、人類の経済的発展に大きく貢献してきました。社会と会社をつないだり、企業の財産状況や儲かり具合を計る大事な役割を担っているのが会計です。

税理士として、500年という時を刻んで進化してきた会計を仕事にし、見えてきたものがあります。それは「**中小企業には中小企業の会計がある**」ということです。

そして、破壊的なITの進化と複雑化する社会環境の変化のなかで、中小企業がいかにして生き抜くかを考えたとき、いまこそ「**会計で会社を強くする**」ときだと思い至りました。

そのような思いをもって執筆したのが本書です。本書を読み終わったとき、会計は面白い、哲学的なものでもあるんだな、実践の道具だな、活かさなければもったいない……そんな感想をお持ちいただけたら幸いです。

本文でも述べますが、**「社長」から本当の意味での「経営者」になっていただく**のが本書の大きな目的です。「簿記の細かい技術は知らないが会計ならわかるよ」「会計がわかると経営ってじつに面白くなるね」――そんな「経営者」がたくさん誕生してくれることを願っています。

また会計事務所に勤務する方には、簿記の達人である会計人ならではの経営助言のコツを掴んでいただけたら本望です。

これから起業を目指す方には、「会計に対する意識が１８０度変わった！」「自信を持ってスタートを切れる！」「よし、はじめから『経営者』になろう！」そんな意欲を持っていただきたいです。

また借金で心が潰れそうな社長には、大変だと思いますが、いまを乗り越える「処方箋」になればとの思いです。

本書で記した内容は、税理士として中小企業（地域企業）の現場で体験したことを、自分なりに理論化したものばかりです。

中小企業経営者の方々からは、これからも多くのご意見、ご経験をうかがい、中小企業経営の極意に関する知見を、さらに深めていきたいと願っています。そうした意味では、本書は始まりの一冊です。

幻冬舎の小木田順子さん、ライターの岡田仁志さんには、前作に引き続きご担当いただきました。このご縁に深く感謝申し上げます。誠にありがとうございました。

最後になりますが、会計を経営の武器にした経営者が次々に登場し、日本経済の土台を支えてくれますように。

それではお楽しみください。

稼ぐ力は会計で決まる／目次

第6章 中小企業の果たすべき社会的責任とは

編集協力　岡田仁志
図版・ＤＴＰ　美創

序章　日本の中小企業は「稼ぐ力」を失っている

「借金漬け」の中小企業

バブル崩壊後の「失われた10年」が「失われた20年」になり、さらに「失われた30年」と呼ばれるようになって以降も、日本経済はいまだに低迷を続けています。放っておけば、すぐに「失われた40年」になってしまうでしょう。

とくに深刻なのは中小企業の経営状態です。大企業の多くは、ここ数年のあいだ、円安ドル高のおかげもあって大きな利益を上げてきました。新聞の経済面に「過去最高益」という言葉が躍っているのもよく見かけます。しかし**日本企業の99・7%を占める中小企業**は、相変わらず厳しい状態。大企業との差は過去最大に広がってしまいました。

1986年には533万社もあった日本の中小企業ですが、いまは250万社程度にまで減っています。「スタートアップ」「ベンチャー起業」といった言葉をよく見聞きするので、世の中では新しい会社がどんどん生まれて活気づいているように感じる人も多いかもしれません。しかし実際には、開業よりも廃業のほうが圧倒的に多かったのです。

いまは逆転現象は収まりましたが、これから再び逆転が起きそうな気配です。こんな国は、世界でも珍しいでしょう。

日本では、**従業者数のおよそ7割が中小企業に雇用**されています。大企業がどんなに儲けていても、中小企業が元気にならなければ経済が底上げされることなどありません。

私は「失われた30年」のあいだ、税理士として、多くの中小企業を会計の面からサポートしてきました。個々の経営状態を見れば、もちろん、うまくいっている会社もたくさんあります。しかし全体的には、やはり苦しい。数字を見ると、将来への危機感は募るばかりです。

その危うさをもっとも端的に物語っているのは、中小企業の借入金が膨らんでいること。私の事務所も所属している税理士・会計士のネットワーク「ＴＫＣ」のデータによると、中小企業の長期・短期の借入金は、平均でおよそ1億２０００万円になっています。

それに対して、手元の現預金は平均でおよそ６０００万円しかありません。もし金融機関が急に融資先からの貸し剝がしを始めたら、現預金がゼロになって６０００万円の借金だけが残る計算です。

借入金が多ければ、当然、会社の自己資本比率（総資本のうち純資産が占める割合）は高まりません。自己資本比率についてはのちほど詳しくお話ししますが、これが50％以上になるのが健全な経営です。

ところがTKCのデータでは、自己資本比率が50％以上の会社は全体の36・7％にすぎません。一方、**債務超過企業が25・8％**もあります（TKC経営指標WebBAST 2025年1月30日公開）。

ちなみに金融機関の多くは、融資先に50％の自己資本比率は求めません。自己資本比率が30％以上なら、「優良」な会社と見なします。金融機関はお金を借りてもらわないと困るので、望ましい自己資本比率を低めに設定するのです。しかしその甘い基準でも、25・8％の会社が「債務超過」の状態にある。それが中小企業の現状です。

しかも、TKCのデータは、すべての中小企業を対象にしているわけではありません。TKCに所属する税理士や会計士は、巡回監査を毎月行っています。ですからその統計に含まれるのは、毎月きちんと監査を受けて会計を締め切っている「真面目な会社」ばかり。それでもこれだけの借入金があり、債務超過に陥っている会社が多いのです。杜《ず》撰《さん》な会計処理をしている「不真面目な会社」もたくさんありますから、日本全体で見れば、もっと多くの会社が「借金漬け」になっているに違いありません。

相次ぐ危機で政府が企業への融資を後押し

さて、中小企業の借入金がこんなに膨らんでしまった背景には、政府の「後押し」がありました。さまざまな危機に直面するたびに、潰れそうな中小企業を救おうと、お金を簡単に借りられるようにする政策を打ち出してきたのです。

始まりは、２００８年に起きた「リーマン・ショック」への対応策でした。米国の投資銀行リーマン・ブラザーズの経営破綻をきっかけにして、世界的な金融危機が発生。そのあおりを受けた国内企業の倒産を防ぐために、政府は２００９年に「中小企業金融円滑化法」を施行しました。「モラトリアム法」という通称のとおり、これは中小企業の借入金の返済猶予を認めたもの。金利の返済さえしていれば、元本の返済は猶予されるという制度です。

さらに２０１１年には、あの東日本大震災が発生。これも多くの中小企業に打撃を与えたため、条件を満たす企業に数億円を直接貸し付ける「東日本大震災復興特別貸付」という制度がつくられました。また、民主党から自民党への政権交代が起きた後、2013年3月にはモラトリアム法が終了しましたが、中小企業を支えるために、2012年に設けられた中小企業の新たな会計基準（中小会計要領）に基づく決算書を出している会社はモラトリアム法と同じ条件で融資が受けられるようになりました。

リーマン・ショックも東日本大震災も大変な危機でしたから、これらの融資で助かった会社はたくさんあるでしょう。しかし、融資は当座の資金不足をしのぐのには役立ちますが、将来にわたって経営の安定をもたらすものではありません。当たり前ですが、借りたお金はいつか返す必要があります。

ですから本当の意味で中小企業を支援するなら、融資という「入口」を用意するだけではなく、その返済という「出口」のことも考えなければいけません。いつまでも「金利だけ払っていればいい」というわけにはいかないのです。

借りたお金を返済するには、**それぞれの会社がしっかり利益を出せる**ようにならなければなりません。そこで2012年には、中小会計要領を踏まえた上で、中小企業の経営そのものを支援するための法律も制定されました。「中小企業経営力強化支援法」です。専門的な見地から中小企業に助言する金融機関や税理士事務所などを「経営革新等支援機関」に認定して、その取り組みを補助金などで支えるものでした。私も税理士として、この仕組みの中で経営助言などを手がけています。

ところが、この仕組みが徐々に広まり、一定の効果を上げ始めた頃に、また新たな危機が中小企業を襲いました。２０２０年から猛威をふるった新型コロナウイルス感染症です。相次ぐ緊急事態宣言によって、外食産業や観光業をはじめ、多くの業界がきわめて大きな打撃を受けました。

そうなると、また融資によって中小企業を助けなければいけません。1社あたり３０００万円まで貸す「新型コロナウイルス感染症特別貸付」という制度が、２０２０年に始まりました。これが加わったことで、中小企業の借入金は平均1億２０００万円にまで膨らんでしまったのです。政府による一連の支援策が、**日本の中小企業を借金漬けにしてしまった**といえるでしょう。

20年前の半分にまで下がった借入のハードル

その結果、借入金に対する意識がひどく緩いものになってしまったように私には感じられます。たとえば、借入金対月商倍率についての考え方もかなり変わりました。

借入金対月商倍率とは、借入金の残高がその会社の何カ月分の売上高に相当するかを計算したもの。金融機関は、融資先の経営状態の良し悪しを見るときに、それをひとつの判断材料にします。

2005年あたりまで、借入金対月商倍率は「3カ月分」が大まかな目安でした。借入金残高が月商の3倍を超えると、返済のためにさらにお金を借りたり、金利負担で利益が食われてしまったりなど、経営がどんどん苦しくなる。ですから金融機関は、融資先の借入金残高がその基準を超えると、それ以上の融資は渋っていました。

ところが、リーマン・ショック、東日本大震災、そしてコロナ禍という危機を経験した現在、この借入金対月商倍率の基準はほぼ「6カ月分」にまでなっています。**借入金残高が毎月の売上の6倍**に達していても、金融機関は「その程度なら健全」と見なすようになりました。この20年のあいだに、会社がお金を借りるときのハードルが半分程度にまで下がってしまったわけです。

あまりにも経営の苦しい会社が多いので、それぐらいハードルを下げないと「健全な会社」がほとんど見当たらなくなってしまうのかもしれません。条件を厳しくしたせいで融資できる相手がいなくなってしまったら、金融機関も困るでしょう。そういうやむにやまれぬ事情があることは、わからなくもありません。

とはいえ、月商の6倍もの借入金は返済が大変です。それだけ借りていたら、いくら利率が低いといっても利息を払い続けるのが精一杯で、元金はなかなか減りません。そのため借入金対月商倍率がいつまでも下がらず、むしろ上がってしまう会社がほとんどでしょう。経営状態は改善せず、苦しい状態が続きます。当面の資金繰りは間に合っても、会社にとって安定的な未来の姿は見えてきません。いつまでも金利の支払いにばかり追われているようでは、**長く生き残るだけの力は身につかない**のです。

借金に対する感覚が麻痺した社長たち

しかし、多くの借入金があっても金融機関が「健全な会社」というお墨付きを与えてくれれば、社長は危機感を持ちません。20年前なら「NG」を突きつけられていた状況でも、「とりあえずウチの会社は大丈夫だ」と勘違いしてしまいます。

実際、税理士として中小企業の経営者のみなさんと接していると、政府や金融機関がどんどん融資をしてくれるせいで、借金に対する感覚が麻痺しているように見える社長さんが少なくありません。借金はいつか返済しなければいけないことはわかっているはずですし、いまの経営状態ではそれが難しいことも知っているはずなのに、それに対してあまり不安を抱いていないようなのです。

たとえば住宅ローンを組んだ人は、20年、30年かけて返済できる目処が立っていても、ふと「ちゃんと完済できるだろうか」と不安になることがあるでしょう。どんなにしっかりした返済計画を立てていても、予定どおりにならないリスクはあります。勤めている会社が倒産したり、病気などで仕事を続けられなくなったりすれば、途中で返済不能になってしまうかもしれません。未来はどうなるかわからないのですから、借金と不安はワンセットになるのが当たり前の感覚だと思います。

そういう不安を抱かない**「借金に鈍感な社長」**が増えているとしたら、日本の中小企業の未来は決して明るくないでしょう。そういう社長の率いる会社の多くは、赤字を借入金で埋めることをくり返すばかりで、黒字になるような展望がありません。しかも社長がその現状に危機感を持たず、むしろ「会社というのはこういうものだ」とでもいわんばかりに平然と受け入れています。自己資本比率が低く、いわば「他人のお金」に支えられて立っているだけなのに、それが当たり前だと思っている。私には、そういう「甘え」が慢性化しているように見えてなりません。

日本企業の99・7％を占める中小企業は、いわば日本経済の「足場」のようなものです。その中小企業がこのような状態では、**日本経済の未来そのものが暗い**といわざるを得ません。この20年間、日本は中小企業の「借金体質」を強める施策を重ねることで、経済の土台を弱体化させてきたのです。

消費税が削ぐ中小企業の成長力

それに加えて、バブル経済が崩壊する少し前から、日本は中小企業の成長力を削ぎこそすれ決して高めることのない税金を取り始めました。1989年（平成元年）4月に導入された消費税です。

当初は3%だった消費税率は、5%、8%と段階的に引き上げられ、2019年(令和元年)には10%となりました。消費税率アップで消費がさらに減退した直後にコロナ禍に襲われたのですから、そのダメージは計り知れません。

生活者の消費マインドを冷え込ませるだけでなく、消費税には**中小企業を大いに苦しめる側面**があります。ただでさえ苦しい資金繰りが、消費税のおかげでさらに厳しいものになってしまうのです。

ここで、ある会社の「確定申告の税額計算報告書」を見てみましょう。法人税や地方税などの申告納税額(法人税等・地方税)は、46万円です。それに対して、「第2法人税」とも呼びたくなる消費税の年間の納税額は、およそ4400万円。2桁も違います。

法人税や地方税などのいわば「第1法人税」はその年の利益に応じてかかる「当期利益税」ですが、「第2法人税」の消費税は付加価値税なので、**利益の出ていない赤字企業も納付**しなければなりません。ちなみに、「第1法人税(当期利益税)」として4400万円の税金を納める場合、1億1000万円もの利益が必要(税率40%で計算)。それぐらい儲かっている会社の「第1法人税」に匹敵する金額を、たとえ赤字であっても納めなければいけないのが、消費税という「第2法人税」の厳しいところです。

しかも消費税は予定納税なので、この数字でいったん決算を組むと、次期から3カ月ごとに納税する額が確定してしまいます。3カ月ごとに1100万円を用意して納めていかなければなりません。

もちろん、消費税はもともとその会社のものではなく、取引の中でいったん預かっただけのお金ではありません。とはいえ、それだけの資金繰りを3カ月ごとにやっていくのは容易ではありません。

社内で回っているお金の総額よりも、「仮受」「仮払」をくり返す消費税の金額のほうがはるかに大きいという企業も多いでしょう。仮受している消費税で見かけの現預金は増えますが、それが3カ月ごとに右から左にパッと消えていくのです。

消費税に怒っておかないといずれ留保金課税が復活する？

「預かったお金がなくなるだけだから、べつに損はしていないだろう」といわれるかもしれません。しかし手元の現預金が消えていくのは、心理的にもダメージがあります。それに、納税のための資金繰りや煩雑な事務作業に費やすコストや労力はまったく報われません。

大企業なら、専門の担当者がいるので負担も小さいでしょう。でも人手の少ない中小企業にとって、この作業は大変な重荷です。さらにインボイス制度の導入で、事務作業はますます面倒なものになりました。**消費税が、中小企業の体力や成長力を削ぐ制度であることは間違いありません。**

法人税と違って、消費税は節税ができないので、財務省にとっては都合のいい税制なのでしょう。しかし国の税収を増やしたいなら、中小企業を苦しめるのは逆効果です。中小企業が成長力を削がれれば経済そのものも成長せず、税収は増えません。むしろ、中小企業の成長力を高めて、法人税をたくさん納めてもらうようにするのが本筋です。

ただし、そうなったらそうなったで心配される問題もあります。中小企業が成長力を高めて「借金漬け」から脱却し、分厚い自己資本を持つようになれば、財務省はまた別の税金を取ろうとするかもしれません。それは「留保金課税」です。

同族会社の内部留保に課税する**「留保金課税」**は、２００３年から中小企業への適用が停止されています。しかし中小企業が力をつけて内部留保が大きく膨らめば、再びそれを課税対象にする可能性があるでしょう。そんなことになれば、「がんばって自己資本を厚くしてもメリットが少ない」という話になってしまい、借入金に依存する体質に逆戻りするおそれがあります。

いまの中小企業は自己資本が薄く、借金漬けの状態からいかに脱却するかが問題なので、やや先走った懸念ではあるでしょう。でも留保金課税という「天下の悪法」の復活を阻止するには、早いうちから問題意識を持っておかなければいけません。

ですから、まずは現在の消費税のあり方に対して、中小企業経営者のみなさんにもっと怒りの声を上げてほしいと私は思います。経済政策に対する批判は本書の主題ではありませんが、中小企業いじめのような消費税を唯々諾々と受け入れていたのでは、いずれ留保金課税も簡単に復活してしまうような気がしてなりません。

会社が長生きするには「会計力」が必要

私が中小企業の経営者に「もっと消費税に怒ってほしい」などというのは、その怒りを感じていないように見える社長が多いからです。怒るどころか、消費税が自分の会社を苦しめているという認識を持っていないようにさえ見えます。なぜそんなことになるかというと、**社長が「帳簿を見ていない」**からです。

日常的に帳簿を見て、自社のお金の動きを把握していれば、3カ月ごとに莫大な現預金が右から左に消えていく虚しさを実感するでしょう。

「こんなことに多大な事務コストを払わされているのか」

と、腹も立ってくるはずです。ところが、そうはならない。中小企業の社長たちが消費税に対して鈍感なのは、「会計」に対する鈍感さの表れなのです。

そして、本書の主題は、まさにこの点にあります。社長がろくに帳簿を見ないような会社には、「会計力」がないといえるでしょう。黒字になる展望のないまま平気で借入金に依存し続けていられるのも、「会計力」が低いからです。

私は税理士としての長い経験から、中小企業が長きにわたって安定感のある経営を続けていくには、**何よりもまず「会計力」が必要**だと考えるようになりました。長年にわたって黒字を出し続けている会社には、会計の面で共通した「型」があるのです。

具体的な「型」については次章以降で詳しくお話ししますが、借金漬けの中小企業が自らの力でしっかりと「稼ぐ力」を身につけ、黒字を出していくには、何よりもまず「会計力」が求められます。

多くの社長は「どんな商品をどうやって売れば儲かるのか」を考えるものでしょう。でも、それは二の次、三の次の問題だと思ってください。たとえ爆発的に売れるヒット商品を生み出せたとしても、「会計力」のない会社は長続きしません。

いまは、未来の世の中がどうなるかを予測するのがきわめて難しい時代です。社会の変化が激しいので、いま売れている商品やサービスが2年後、3年後にも売れているとはかぎりません。その変化にしっかりと対応していくためには、**どんな時代でも変わらない普遍的な「会計の型」**が必要です。

会計力が「本業で稼ぐ力」を高める

稼ぐ力の根っこには会計力がある――これだけ聞くと、ちょっと勘違いする人もいるかもしれません。会計とは、「お金の動き」のことです。そのため、私が「資産運用で稼ぐ方法」を伝授しようとしているかのように受け止めた人もいるのではないでしょうか。

でも、私がお伝えしたいのは、それとは正反対のお話です。

この「失われた30年」のあいだに、日本では企業も個人も**「本業で稼ぐ力」をどんどん失ってきました**。その一方で人々が熱心に取り組むようになったのが、株式や不動産への投資をはじめとする資産運用です。

額に汗して一生懸命に働いても収入が増えないせいもあるのでしょう。近年は、投資によって「働かずに稼ぐ」ことを考える人が増えました。書店でビジネス書のコーナーを眺めると、「投資で賢く儲ける方法」のような本がやたらと目立ちます。

大企業の中にも、本業はあまり成長せず、それどころかむしろ衰退しているにもかかわらず、昔から所有している不動産によって得られる収入で経営を維持しているところが少なくありません。円安の恩恵で巨額の利益を得ていることも含めて、大企業の稼ぎは本業以外の「お金の動き」によってもたらされています。借入金に依存して何とか経営を保っている中小企業も、別の意味で「お金の動き」に頼っているといえるでしょう。

自らは動かず、お金だけ動かして儲けるのは、賢いやり方のように見えるかもしれません。でも、果たしてそれは健全な稼ぎ方なのでしょうか。私には、そうは思えません。お金だけがぐるぐると回っていても、誰かが儲けて誰かが損をするだけで、社会全体の富は増えないからです。それぞれの会社が自分たちの本業で富を生み出さなければ、社会は豊かになりません。

本業としてどんな商品やサービスを提供するかは、会社によってさまざまです。しかし何を売るにせよ、会社が本来やるべきことは「商い」でしょう。お金を動かして利益を上げるのは、「商い」ではありません。**世の中が求めるものを生み出して、それを買ってもらうことで利益を出す**のが、本来の「商い」というものだと私は思います。

そして、それが「商い」である以上、どんなビジネスであれ、その根っこには「会計」があります。会計をなおざりにする会社は、まともな「商い」ができません。だからこそ、まずは会計力を鍛える必要がある。それによって、どんな会社でも「本業で稼ぐ力」が身につくのです。

第1章 会計の軸は「監査」にあり

偉大な経営者が見出した「宇宙」につながる不思議な力

かつて「経営の神様」と呼ばれた松下電器（現在のパナソニック）の創業者・松下幸之助さんは、経営には**「王道」「覇道」「邪道」という3つの道**があると説きました。

松下さんの見立てによれば、世の中の90％の会社は「覇道の経営」を行っています。社会貢献などは考えず、従業員の幸福を犠牲にしてでも、ひたすら自社の利益を追求するような経営です。

それより悪いのは、社会のルールさえ守らずにお金儲けだけを考える「邪道の経営」ですが、こちらは全体の5％程度。残りの5％が、もっとも望ましい「王道の経営」です。

では、「王道の経営」とは何か。それについて松下さんはこんな言葉を遺しました。

宇宙根源の法則に則った経営こそ王道や。

さすがに、「神様」の言葉は深遠です。「宇宙根源の法則」といわれても、あまりに深遠すぎて、ふつうの人間にはすぐには飲み込めません。

しかし、やはり「経営の神様」と崇める人の多い京セラの創業者・稲盛和夫さんも、著書の中で同じようなことをおっしゃっています（『「成功」と「失敗」の法則』致知出版社）。

私は、この宇宙には、すべての生きとし生けるものを、善き方向に活かそうとする「宇宙の意志」が流れていると考えています。その善き方向に心を向けて、ただひたむきに努力を重ねていけば、必ず素晴らしい未来へと導かれていくようになっている……と思うのです。

宇宙根源の法則に、宇宙の意志。日本を代表する2人の偉大な経営者がおっしゃるのですから、企業経営には何か**目に見えない不思議な力が強く作用しているの**でしょう。その不思議な力を味方につけられるかどうかが、堂々たる「王道の経営」を実現するためのポイントなのだろうと思います。

とはいえ、その「不思議な力」とは何なのか、よくわかりません。松下電器や京セラのような大企業を育てたカリスマ経営者が到達した境地ですから、「ささやかな中小企業をやっている自分なんかには無縁の話だ」などと聞き流す社長も多いでしょう。

でも、松下電器も京セラも、最初から日本を代表する大企業だったわけではありません。松下さんも稲盛さんも、**最初は「ささやかな中小企業」からスタート**しました。そこから「宇宙」につながるような経営手法を築き上げたのです。ですから、たとえ小さな会社であっても、「王道の経営」という境地に到達することはできるのではないでしょうか。

帳簿や伝票を重視した松下と稲盛

では、その「不思議な力」はどこから生まれるのでしょう。私は企業会計を扱う税理士なので、この2人の「会計力」に注目します。

かつて松下さんは「経理というものは、単に、会社の会計係ではなく、企業経営全体の羅針盤の役割を果たす」とおっしゃいました。一方の稲盛さんは「会計がわからんで経営ができるか！」が持論。２人とも、**会社の会計的な側面をとても大事にする経営者**でした。

たとえば松下さんは、「あんまり儲かりまへんなぁ」などとボヤく系列の家電販売店の店主に対して、よく「帳簿を毎日つけてるか？」と聞いたそうです。「その日の帳簿はその日につけろ」「今日の損益をちゃんと見てから寝ろ」というのが口癖でした。

これは私の想像ですが、そうやって毎日しっかりと帳簿と向き合うことで、経営者としての心が磨き上げられる――松下さんは、そんなふうに考えていたのではないでしょうか。実際、税理士として毎月さまざまな会社の帳簿をチェックしていると、それをくり返しているだけで社長の心持ちが整い、経営状態が好転していくケースをよく見ます。

また、稲盛さんは会計について「1対1対応の原則」を掲げていました。商品とお金の取引があれば、必ず伝票が起票されます。その伝票を通じて、商品の動きとお金の動きをすべて「1対1」で処理していく。単純で当たり前の原則のように思えますが、それを徹底しないことで生じる不正は少なくありません。不正が起こらなくても、この「1対1対応の原則」をないがしろにして、伝票なしで商品やお金を動かしたり、逆に伝票だけ確認して商品やお金の動きを見ない「どんぶり勘定」の経営者は、自社の経営状態を正確に把握できないでしょう。

さらに稲盛さんは、「1取引2伝票」も徹底させました。1つの取引を必ず2つの伝票で把握するということです。まず商品を売ると売掛金が発生するので、そこで1つめの伝票が起こされる。でも、その取引はそこで終わるわけではありません。取引相手の支払いで売掛金が回収され、2つめの伝票が起こされるところまでが取引です。売掛金の伝票だけでお金の流れを把握していたのでは、売上がいつ現金化され、どの段階でいくら利益が出たかといったことを正確につかめません。

稲盛さんの経営哲学の根底には、そういう正しい「会計」のあり方に対する信念がありました。それは松下さんも同じでしょう。会計をゆるがせにしていたのでは、どんな商品をどのように売ろうが、会社の経営は成り立たない――2人の偉大な経営者の言動から、私はそんなメッセージを受け取っています。

その考え方をひとことでいうなら、**「経営即会計、会計即経営」**ということになるでしょうか。「宇宙根源の法則」「宇宙の意志」といった言葉でしか表現できない不思議な力の源泉は、「会計」にこそあると思うのです。

会計の「サイクル」をどれだけ回すか

さて、それでは会社経営における「会計」とはどういうものでしょうか。

松下さんは「帳簿」を大事にすることを説いておられました。たしかに、帳簿は会計にとってとても重要です。「会計＝帳簿」というイメージをお持ちの方もいるでしょう。でも、きちんと帳簿さえつけていれば「しっかり会計をやっている」ことになるかというと、決してそんなことはありません。

会計の定義にもいろいろありますが、私は本書で、帳簿から始まる一連の流れ全体を「会計」と呼びたいと思います。それは、**「帳簿」→「監査」→「報告」→「責任」という流れ**です。

帳簿をつけたら、それを税理士や会計士などの資格を持つ第三者がチェック（監査）して、最終的にはそれを決算書という形で報告する。その報告内容を踏まえて会社の業務を次に進めていくのが、社長の責任です。その業務の結果をまた帳簿につけて、監査を受ける。そういうサイクルをぐるぐると回し続けるのが、「会計」にほかなりません。

ここで重要なのが、この会計サイクルを回すペースです。これは、会社によって大きく違うでしょう。

TKCに所属する税理士や会計士は、毎月1回の「巡回監査」を行い、その結果を報告します。ですからそれを受け入れている会社は、**月に1回のペースで会計サイクルが回っているわけです。**

でも、そのような会社は少数派かもしれません。多くの中小企業は、年に1回、もしくは年に2回の決算期に帳簿をチェックするだけではないでしょうか。会計サイクルが、年に1回、半年に1回のペースでしか回っていないのです。

どちらの「会計力」が高いかは、いうまでもありません。帳簿のチェックは、会社の現状を把握して次に進む方向を考え直すチャンスです。その頻度が高いほど、より良い経営を行うための判断材料も多くなるでしょう。

どんな物事であれ、現実を直視するのは改善への第一歩。メジャーリーグで大活躍する大谷翔平も、打席で凡退した後はベンチでじっくりと自分が打ち損ねた様子を動画でチェックしています。それが、次打席でのホームランにつながるのです。

会計は経営者の姿を映し出す「鏡」

マメに帳簿をチェックすることの大切さは、たとえば家庭のお金の出入りを記す家計簿のことを考えてもよくわかるでしょう。家計簿を毎日つけている人と、月に1回しかつけない人とでは、お金の貯まり方が違うはずです。

毎日つけていると「ああ、今日もこんな無駄遣いをしてしまった」などと悔やむ経験を重ねることで、自然と財布の紐が固くなっていくもの。それで少しずつでもお金が貯まっていくと、ますます「赤字にしたくない」という気持ちが強まるので無駄遣いが減り、どんどん黒字が増えていくのです。

会社の会計も同じこと。サイクルが年に1度の会社と月に1度の会社では、自己資本の増え方がまったく違います。さらに、社長が自分で毎日帳簿を見てチェックしていれば、自己資本はもっと増えやすくなるでしょう。

だから松下さんも、販売店の店主に「**帳簿を毎日見なさい**」と指導していたのだと思います。そうやって毎日コツコツと経営についての情報を積み上げていくことで、「宇宙根源の法則」につながる不思議な力が働くようになるのでしょう。

会計のサイクルを同じペースでコツコツと回していくことは、経営のリズムを保つ上でも大切です。会社の経営状況は、自分たちではコントロールできない内部的な要因や外部的な要因に左右されるので、一定ということはあり得ません。同じように安定した日々を過ごしたいと思っていても、常に揺れ動きます。

そういう不安定な日常に安定感を与えてくれるのが、会計サイクルです。さまざまな変化にさらされながらも、帳簿の処理だけは変わらず毎日同じようにやっていると、そこから規則正しいリズムが生まれます。1日の終わりに必ず帳簿をチェックし、赤字だろうと黒字だろうと月に1度の監査を受けて、数字を締める。それを続けていると、会社の業績がいくらかブレることはあっても、社長の心はブレません。

長年、いろいろな会社の巡回監査をやっていると、それがよくわかるようになります。**会計のリズムには、社長の人間性のようなものが滲み出る**ように思えてならないのです。

たとえば、どの月も伝票の枚数がほとんど一定で、大きく変わらない会社がときどきあります。そういう会社の社長は、売上が増えても減っても、あまり態度が変わりません。安定したリズムをくり返しながら、いつも長い目で会社の将来を見ているように感じられます。逆に、伝票の枚数を含めて会計のリズムが不安定な会社の社長は、発言内容が日によってコロコロと変わるなど、経営方針も定まりません。

そうやってさまざまな中小企業経営者とおつきあいしているうちに、私は会計関連の**書類を見ただけで、その会社の社長の人柄が想像できる**ようになりました。「実際に会って話をしたら、こんなことをいいそうだな」ということが、なんとなくわかるのです。もちろん百発百中ではありませんし、おおよその傾向がわかる程度のことですが、初めて会ったときに「やっぱりこういう方だったか」と思うことが少なくありません。会計は、ある意味で、経営者の姿を映し出す「鏡」のようなものなのでしょう。

会計サイクルの中心は「監査」

ところで、会計サイクルには4つのフェーズがありますが、その中でもっとも重要なものは何でしょうか。

もちろん、帳簿をつけることは基本中の基本です。しかし、ただ記帳するだけでは、帳簿の存在価値は高まりません。帳簿を本当に意味のあるものにするのは、第2フェーズの「監査」です。

このプロセスがなければ、帳簿は誰もが信頼するものにはならないでしょう。信頼性の低い帳簿には、ほとんど存在価値がありません。その意味で、会計サイクルの中では**「監査」こそがもっとも重要**です。ここをないがしろにしたのでは、会計サイクルそのものに意味がなくなってしまうといってもいいくらいです。

私たち税理士が行う月次巡回監査は、2005年に制定された会社法に準拠しています。この法律では、第432条第1項で「株式会社は、法務省令で定めるところにより、適時に、正確な会計帳簿を作成しなければならない」と定めました。「適時に」とは、取引が発生したらすみやかに、という意味。それによって、帳簿の数字を人為的にいじるなどの不正を起こしにくくするのが、この条文の趣旨です。

1899年（明治32年）に制定された昔の商法では、年に1度だけ、貸借対照表（B／S）と損益計算書（P／L）を作成することが会社に義務づけられていました。

でも資本主義経済が発展すると、金融における信用をよりたしかなものにするために、もっときめ細かな会計が求められます。

そのため証券取引法などの法律が制定され、上場企業をはじめとする大企業は年に1度のB／SやP／Lだけでは済まなくなりましたが、中小企業のほとんどは明治時代の商法の取り決めに沿ってやっていました。決算書は本来、経営状態を自分で確認したり、対外的な信用を保つために作成するものです。ところがかつての中小企業では、年に1度の税金の計算だけが決算書を作成する目的だという誤った認識が一般的でした。その認識をあらためさせたのが、先ほどの会社法です。

データをロックするからこその信頼性

法律の趣旨にしたがって、月次巡回監査ではチェックを済ませたデータにシステム上でロックをかけます。それ以降は誰も数字などを書きかえることができません。監査した内容がそこで確定するので、人為的な不正を防ぐことができるわけです。

厳しい取り締まりを受けているような印象を持つ経営者もいるでしょう。法律の一番の目的も「不正防止」にあります。

でも、これはそれぞれの会社のためにやっていること。**監査によって帳簿の正確さを保つ**ことで、会計は歪みのない「鏡」として会社の実態を映し出します。それが歪んでいたら、社長が「いま自分たちは何をすべきか」を考える上での正しい判断材料になりません。

業績が落ち込んでくると、月次巡回監査を受けるのがツラくなってくるものです。現実を直視したくなくなって、「これからは2カ月おきか3カ月おきにしてもらいたい」などといい出す社長もたまにいます。

でも、これは会社にとっての赤信号。たとえその月の業績が悪くても、ありのままの現実を受け入れて次へ進んでいかねばなりません。私が見ているかぎり、長く生き残っていくのは、そういう社長のいる会社です。

また、データにロックをかけることで、対外的な信用も高まります。金融機関や投資家などは、資格を持つ専門家がチェックした帳簿を信頼して、その会社への融資や投資を検討する。健全な資本主義経済を進めていく上でも、会計サイクルにおける「監査」

の役割はきわめて大きいのです。

帳簿を毎月締め切っているだけで、その会社はそれなりに信用できると思ってもいいでしょう。新たに取引しようと考えている会社の経営状態が心配なときは、世間話のついでに「おたくは、どれくらいの単位で締め切っていますか？」などと聞いてみるとよいかもしれません。いまだに年に1度の決算だけでやっている会社は、明治時代の古い感覚を引きずっている可能性があるので、要注意ではないでしょうか。

監査は会社の「肺」機能

やや唐突に聞こえるかもしれませんが、月次巡回監査は、**会社の「肺」のようなもの**だと私は思っています。それはどういうことでしょうか。

人間が生きていく上で、「呼吸」が大切なことはいうまでもありません。人間を丸ごと対象とするホリスティック医学の第一人者として知られる帯津良一さん（帯津三敬病院名誉院長）は、呼吸についてこんなことをいっています（『呼吸はだいじ』マガジンハウス）。

一日の呼吸、何回しているか、知っていますか。約2万回です。そのうちの10回でも「ゆっくり吐いて吸う」を意識すれば、からだは健康で病気知らずになります。深い呼吸をすることはからだを整えるためにとても有効な方法。〝いのち〟のカギを握る、呼吸の力はすごいのです。

会社をある種の生命体のようなものだと見なすならば、やはり生き続けるには「呼吸」を意識的にすることが大切です。**会計のサイクルは、まさに呼吸のようなもの**だといえるでしょう。年に1度しかサイクルを回さない会社は、いわば年に1度しか意識的な呼吸をしていないようなものですから、当然、「病気」になりやすい。月に1度のペースで回している会社のほうが、間違いなく「健康」を保てます。

また、会計という「呼吸」は、単にお金の出し入れをするだけのものではありません。本来あるべき会計を行うには、公正・妥当な一般の基準や制度（法律）を、経営体の外部環境から内部環境に取り込む必要があります。先ほど紹介した会社法の趣旨を取り込んで月次巡回監査を行うのも、そのひとつ。これは会社の外から必要な情報を「吸う」

プロセスであり、私たち税理士の役割でもあります。

この「吸気」によって、会社は社会性を身につけるともいえるでしょう。月次巡回監査を通じて、会社は自分たちの経営活動が社会性を担保できているかどうかを検証します。この内部での作業が、いわば「呼気」にあたるわけです。

「吸う」より「吐く」を意識するのが良い呼吸

もちろん、コスト（呼気）を払って展開した事業によって収益（吸気）を得るという一連の流れも「呼吸」とよく似ています。そこでは、先ほどの帯津さんの考え方が参考になるかもしれません。

帯津さんによれば、呼吸で意識すべきは「息を吐く」こと。呼吸というと、私たちはまず「息を吸う」ことから始まるような気がしてしまいますが、そうではありません。肺に溜まった息を吐ききってしまえば、空気は自然に入ってきます。それを意識した呼吸をしていると、緊張がほぐれてリラックスできるそうです。

会社のビジネスも、**最初から収益という「吸気」を意識するとうまくいきません。**帯津さんによると、吸気は心臓の鼓動を速め、交感神経を刺激して体を臨戦態勢に向かわせます。たとえば激しい怒りを抱いた人が「はっ」と息を吸うのも、そのためでしょう。ですから、「吸う」ばかりを意識した呼吸をしていると、争ったり怒りを爆発させたりしやすい好戦的な状態になります。

ビジネスには競争的な側面があるので、それが悪いことだとは思わない人もいるかもしれません。しかし、そういうカッカした状態で、冷静に安定的な経営ができるでしょうか。短期的にはそれによって業績が上がることもありますが、「吸気」ばかり意識する経営は売上至上主義に陥って社会性を失いがちです。まさに「息の短い会社」になってしまい、長続きしません。

そもそも商売はまず仕入れから始まります。そこでコストという形の息を吐き出し、後から収益という息が入ってくるわけです。「まずは売上ありき」では、さまざまな無理が生じて、会社にストレスがかかるでしょう。人間の呼吸と同様、やはり「息を吐く」ことを意識し、リラックスした状態を心がけていれば、自然と収益は入ってくる――そんな流れをつくることが、会社にとって、もっとも望ましいのだろうと思います。

ともあれ、そんな会計サイクルの中心にある監査は、やはり会社の「呼吸」を整える「肺」の機能を担っているといえるでしょう。

たとえば長く入院していると脚の筋肉が弱くなってしまうように、体の機能は、長く使わずにいると衰えるといいます。**監査という「肺」も、使わなければ衰える。**年に1度しか会計サイクルを回さない会社は、どんどん「肺」が弱っていきます。逆に、月次巡回監査をしっかりと受けるだけで、会社の「肺」はどんどん強くなっていくのです。

「会社」と「社会」をつなぐのが会計事務所

呼吸をコントロールする肺は、体の内部と外部をつなぐ役割を持っています。会社の「肺」として監査を担う会計事務所も、会社の内と外、つまり「会社」と「社会」をつなぐ存在だといえるでしょう。

松下幸之助さんは、多くの幹部が反対する九州への工場進出を決めたとき、「松下電器というのは社会の公器や」といったそうです。たとえ経営的に不利な面はあっても、過疎化に苦しむ地元からの要請に応えるのが「公器」としての務めだと考え、工場進出によって社会貢献を果たすことを選びました。それも自分の会社の責任だと考えたわけです。

社会の「公器」でなければならないのは、松下電器のような大企業だけではありません。どんなに小さな会社にも、社会性が求められるのは当然のことです。ところが実際には、「民間企業なんだから、自分さえ利益を得られればそれでよい」という姿勢で事業を行う会社が少なくありません。前にもお話ししましたが、そういう「売上至上主義」の会社はあまり長続きしないものです。

もちろん、売上が伸びず経営状態が厳しいときは、社会貢献にまで頭が回らないでしょう。しかし会社は「公器」である以上、社会性を失ってはいけません。その社会性を保つ上でも、「会社」と「社会」をつなぐ会計事務所は重要な存在です。

会計事務所を通じて社会としっかりつながるだけで、その会社にはさまざまなメリットがもたらされるでしょう。社会から信頼されるので、具体的には税務当局、金融機関、取引相手との関係がスムーズになるのです。

とくに大きいのは、**税務調査の不安がなくなる**こと。月次巡回監査を行っている会計事務所は、絶対に改竄《かいざん》できない月々の帳簿を担保にして年度末の決算書と法人税申告書を作成します。そのため、年度末の数字を見てから「ちょっと利益が多すぎるから経費をもっと使おう」といった節税対策をすることはできません。ですから、月次巡回監査をやっているだけで、税務署からの信用は高まります。

その信用を裏づけるのが、税理士が作成する「**税務監査証明書（書面添付）**」です。これは、「この会社は税務調査にお越しいただくまでもございません」という税理士からのお墨付きにほかなりません。税務申告でこの「書面添付」を行うと、税務署は税理士の意見を聞いてからでなければ税務調査を行えないことになっています。

世の中には、「いつ来るか」と突然の税務調査に怯えながら過ごしている会社もあるでしょう。きちんと月次巡回監査を受けていれば、そんなことはなくなるわけです。

会計によって「社会に守られる会社」に

ちなみに私たちの会計事務所は、あるとき、税務署から「まとめて5社の税務調査をさせてもらえないか」と相談を受けたことがありました。その5社はいずれも私たちが書面添付をして税務申告をしている会社です。

ですから、私たちが頼まれた「税務調査」は、それぞれの会社を調査官が訪問する通常の税務調査ではありません。税理士が書面添付で「お越しいただくまでもございません」とお墨付きを与えている会社なので、現場に行く作業を省略して、税務署内部で調査を行います。だから、5社もまとめて処理できるのです。

これは、調査官にとっても、あまり労力をかけずに調査実績を積むことができるありがたい制度なのでしょう。その依頼を受けたのは、税務署の年度末である6月のことでした。こちらも忙しいので「7月に入ってからでいいですか?」と聞くと、「いや今月中に何とかなりませんか」というので、やはり年度末までに実績がほしかったのだと思います。税務署に協力して「貸し」をつくるのは私たちにとっても悪いことではないので、やや無理をしてお引き受けし、6月中にやりました。

会計事務所は、税務署とのあいだにこのような信頼関係を築くことで、担当している会社を守っています。いや、私たち税理士が守っているというより、私たちの監査を通じて会社と社会がつながった結果、会社の信頼性が高まり、社会そのものがその会社を守るようになる――といったほうがいいでしょう。

税務署だけではありません。**金融機関からの信用も高まる**ので、いわゆる「プロパー融資」を受けられるようになります。信用保証協会の保証等はなしに金融機関が100%自身の責任で直接融資しますから、融資を受ける側としては信用保証協会に保証料を支払う必要がありません。

また、取引先企業からも信用を得ることができるでしょう。会計面が健全な会社には、健全な会社が近寄ってくるものです。そういう会社を見ていると、**会計で外部とつながることで「社会に守られている」**ように感じられてなりません。

自転と公転の調和

松下幸之助さんや稲盛和夫さんが「宇宙」という言葉で表現したのも、そういう、会社と社会のつながりのことだったのではないでしょうか。

たとえば私たちが暮らす地球は、1日24時間で1回転する「自転」と、1年365日で太陽のまわりを1周する「公転」をくり返しています。自転だけでは、昼夜のリズムは生まれるものの、季節変化のリズムは生まれません。自転のリズムと公転のリズムが調和することで、地球のリズムが成り立っています。

また、自転のリズムがどんなに安定していても、太陽の重力から離れてしまったら、どこに向かって飛んでいくかわかりません。太陽エネルギーという自然の恵みを得ることもできず、ただクルクルと回転するだけの死んだ惑星になってしまうでしょう。

会社も、自らのビジネスを回すだけでは、安定したリズムを得ることができません。社会と切断されれば、インフラをはじめとする外部環境からの恩恵も手放すことになってしまいます。地球と同様、会社も「自転」と「公転」が調和することで安定した状態を保つことができるのです。

その**「自転」と「公転」の調和をもたらすのが、会計の役割**にほかなりません。そういう意味では、やはり「宇宙根源の法則」「宇宙の意志」といった不思議な力の根源には、その会社が備えている「会計力」があるのだと私は思います。

ですから、その「不思議な力」を身につけようと思うなら、まずは月次巡回監査を中心とする会計の仕組みを受け入れるのが一番でしょう。それだけで会社は社会と調和し、

「宇宙の意志」に導かれるようにして、安定感のある立派な企業になっていきます。会計事務所による**月次巡回監査は、ある意味で会社にとって「最強のインフラ」**なのです。

しかし現在、日本の中小企業の中でTKCの月次巡回監査を受けている会社は、全体の10％程度にすぎません。したがって、それを受けるだけで上位10％に入ることができる……ともいえるわけですが、この割合をもっともっと増やさなければ、この国の経済も社会も豊かにはなっていかないでしょう。その重要性を理解していただくために、次章からは、さらに深く「会計力」が経営に与えるインパクトの大きさをお伝えしていこうと思います。

第2章

「開示」が生む力

監査の本質は「開示」

経営即会計、会計即経営。その会計の中心は「監査」であり、会計事務所による月次巡回監査は会社の「肺」の機能を果たしている――前章では、そんなお話をしました。会計の大切さを、ある程度までご理解いただけたのではないかと思います。

続いてこの章では、その月次巡回監査が会社にもたらす御利益をさらに深く見ていくことにしましょう。「利益《りえき》」ではなく「御利益《ごりやく》」です。

企業活動は「利益」を追求するものですが、会計を回すプロセス自体は金銭的な利益を生むものではありません。むしろ、コストがかかるので、利益を増やす上であまりお金をかけたくないと思う人もいるでしょう。

しかし会社が安定的な利益を生み出し、黒字企業になっていくためには、まっとうな会計プロセスが欠かせません。会計がもたらす**「御利益」**があって初めて、**営業的な「利益」が生まれる**のです。

では、その御利益の源である監査の本質は何でしょうか。

一般的な意味での「監査」とは、調べる対象がきちんとルールに則っているかどうかを証拠に照らして明らかにする行為です。

しかし、調べて可否をジャッジするだけで終わるわけではありません。「セーフ」か「アウト」かを判定したら、それをしかるべき相手に報告しなければ意味がないでしょう。当たり前のことですが、その対象が正しい行いをしているかどうかを内外の利害関係者に報告するまでが監査です。

つまり監査とは、調べた結果を広く「開示」することで、対象が適正な行いをしていることを保証する営みにほかなりません。監査と聞くと「しっかりと間違いなく調べることが重要」と思いがちですが、それは監査にとって当然の大前提であって、じつはこの**「開示」こそが、もっとも大切な監査の本質**なのです。

もしそこに「開示」という性質がなければ、会計監査を煙たがる会社はないでしょう。たとえ帳簿に何か不正や瑕疵《かし》などがあっても、調べた税理士や会計士が外部にバレないように誤魔化してくれるなら、監査を断る理由はありません。

しかし、そんなことでは何の意味もないので、むしろ監査など実施しないほうがマシです。会計監査は、その会社の対外的な信用を担保するのが大きな目的のひとつ。個人の家計簿も広い意味の「会計」という点では同じですが、そこは会社の会計と根本的に違います。

家計簿は、自分のために自分のお金を管理するのが目的です。ですから誰にも「開示」はしません。だからといって、そこで数字を誤魔化したりしたら、本人が損をするだけでしょう。たとえば無駄遣いを隠して貯金を多く見せかけても、何もいいことはありません。だから「開示」がなくても、ふつうはみんな真面目に記帳します。

一方、**会社は「公器」とも呼ばれる社会的な存在**です。その社会と会社をつなぐのが会計ですから、「開示」は必要不可欠。そこで開示される情報が資本主義経済を成り立たせているのですから、誤魔化すことなくオープンにしなければいけません。

「開示」がもたらす4つの力とは

そういわれると、「開示」は社会的な責任や義務としてシブシブながらやらねばならぬことのように感じてしまうかもしれません。しかし先ほどいったとおり、監査は会社自身にも「御利益」をもたらします。「開示」が重要なのは、それが社会のためになるだけでなく、会社自身にもさまざまな力を与えるからです。

では、会計情報をオープンにすることで、会社にはどんな力が生まれるのでしょうか。

私は、開示によって **(1)つなぐ、(2)浄化する、(3)鍛える、(4)計る、という4つの力**が生まれると考えています。

最初の「つなぐ」については、すでに前の章でお話ししました。監査が会社の外部と内部をつなぐ「肺」のような機能を果たすのは、いうまでもなく、会計情報を「開示」することによるものです。開示せずに情報を隠していたら、会社は社会的に孤立し、「公転」せず「自転」だけをくり返すことになるでしょう。

次の「浄化する」は、開示が生む力の中でもとくに重要です。

たとえば自分の家でも、誰か来たときに見られる玄関やリビングなどは、なるべくきれいに片づけておくでしょう。逆に、目につかない押し入れや物置などは、ゴチャゴチャになっていても、つい放置しがち。オープンな場所はきれいに、クローズドな場所は汚くなりやすいわけです。

会計も同じで、外部に向けて開示する以上、きれいに片づいた状態にしておきたくなるのが人情というもの。逆に、外部に開示しないことを前提にした帳簿は乱雑になり、何がどこに書かれているのかもよくわからない状態になります。悪い数字や不正などを隠すために、わざとそうしているケースもあるかもしれません。

会計を積極的に開示しない会社は、それが故意か無意識かは別にして、何か誤魔化したい事柄があるのではないでしょうか。そうだとすると、会社の内部には空気の淀みや汚れのようなものがたまっていきます。たとえ会計をクローズドにして、良くないところを隠していても、その悪い空気感は外部になんとなく漏れ伝わるに違いありません。

一方、良くない数字も含めてすべてを潔く開示している会社からは、常にクリーンな空気感が漂います。会社そのものが自然に浄化され、ますます外部とのつながりが強くなっていくでしょう。

私が見ているかぎり、そういう会社は、たとえばいまは赤字でも、たいがいやがて黒字に転じます。中小企業の7割が赤字にあえいでいるのは、開示に消極的で、いろいろなことを誤魔化しながら社会とつきあっている会社が多いからではないでしょうか。

借入金を従業員に開示したことで「浄化」された会社

浄化のレベルは開示のレベルによって異なります。

というのも、情報開示の相手は「外部」の税務当局や金融機関だけではないからです。社長が自分自身に対してしっかり開示する、つまり会社の現状を直視することも必要でしょう。さらに、従業員や家族など「内部」の関係者にまで開示できるかどうか。これは社長にとってかなり勇気の要ることですが、どこまで会社の真の姿をさらけ出せるか、その**「開示力」はそのまま社長の「経営力」につながる**と思います。

私の事務所が監査を行っているある会社の社長から、先日こんな話を聞きました。

そこは飲食店なので、コロナ禍では大変な目にあっています。なにしろ人々が外出を長いあいだ自粛していたので、この3年間、売上は減るばかり。事業を続けるには、借入金に頼るしかありませんでした。

コロナ禍はようやくおさまり、売上も徐々に回復してきましたが、これからは山のような借入金を返済していかなければなりません。そこで社長は、思い切った行動に出ました。以前、私がセミナーで「開示力」の話をしたことを思い出し、会社の従業員たちに3月の決算書を開示したのです。

これは本当に勇気の要る行動だったでしょう。従業員たちも、コロナ禍で経営が苦しいことはある程度わかっていたでしょうが、借入金の山という現実を突きつけられたら、愕然としてやる気をなくしてしまうかもしれません。社長としては、「従業員を不安にさせたくない」という気持ちもあるので、悪い数字はあまり知らせたくないものです。

その社長も、みんなが「ええっ」と動揺するかもしれないと思っていました。それでも会社の現状をしっかり伝えたほうが今後のためになると考えて、開示したのでしょう。

ところが開示を受けた従業員たちは、動揺したりガッカリしたりするどころか、逆に「よっしゃ、だったらこれからがんばろう」と大いに盛り上がったというのですから、人間の心というのは面白いものです。

これは私の想像ですが、おそらくその従業員たちは、社長が自分たちの前で「裸」になってくれたことが嬉しかったのではないでしょうか。もちろん、それを「嬉しい」と感じられるのは、それまで社長と従業員のあいだで培ってきた信頼関係のおかげもあるでしょう。その信頼関係があるからこそ、「苦しいときは誤魔化さず、正直に苦しいといってくださいよ社長」という気持ちにもなるのだと思います。

いずれにしろ、この思い切った開示によって、その会社は大いに浄化されました。「あの借入金の山を見せたことで、みんながやる気になってくれたので、私はもう、怖いものはありません（笑）」

社長は、そういって私に握手を求めてきました。何よりも浄化されたのは、社長自身の心だったのかもしれません。**何ひとつ誤魔化さず、クリーンな心持ちになった人間というのは、強い**ものです。きっと借入金をどんどん返済して、立ち直っていくでしょう。来年、再来年の決算が楽しみです。

「6S会計」が経営力を鍛える

さて、開示によって「浄化」という作用が起こると、会社を「鍛える」という3番目の力も働くようになります。この力は、製造業などの現場でよく掲げられる「6S活動」を会計に当てはめて意識することで、より強まるでしょう。

工場などで品質や作業効率を高めるために提唱される「6S活動」は、もともと「**整理・整頓・清掃・清潔・しつけ**」のローマ字のイニシャルを取った「5S活動」から始まったといわれています。この「5S」にもいろいろなバリエーションがあるようですが、そこにもうひとつ「S」を加えることで「6S」にする会社も少なくありません。

6つめの「S」は、組織によって「習慣」「正確」「セーフティ（安全）」などさまざまです。たとえばトヨタ自動車は5Sに「**作法**」を加えた「6S活動」を提唱しています。それぞれの「S」は、具体的には次のような行動を意味するそうです。

〈トヨタの6S活動〉

- 整理＝必要と不要を区別
- 整頓＝置き場所の明確化
- 清掃＝掃除とともに点検
- 清潔＝きれいな状態を維持
- しつけ＝ルールを守り習慣化

・作法＝正しい行動の実施

これはそのまま、「**会計の6S**」として使えると思います。

まず、会計の要である帳簿にとって「整理」「整頓」が大切であることはいうまでもないでしょう。必要な書類と不要な書類をきちんと区別して整理し、どの書類がどこにあるかすぐにわかるように整頓しておかなければ、会社の会計は混乱するばかりです。また、帳簿の中身に余計な数字や言葉などが紛れ込まないようにするのは、ある意味で「清掃」のようなもの。トヨタの「清掃」で言及されているとおり、帳簿も間違いがないよう「点検」が欠かせません。

さらに、そのきれいな状態を「清潔」に保つ努力や工夫も必要です。きれいに「清掃」しても、後から修正をくり返すことで、わかりにくくなってしまうこともあるでしょう。それは避けなければいけません。

もちろん、データの捏造《ねつぞう》や改竄はもってのほかです。これを戒めるには、5番目の「しつけ＝法令遵守」を徹底しなければいけません。

税理士に「節税テクニック」を求めるべからず

そして6番目の「作法」として私が挙げたいのは、会社と会計事務所の関係をいかに築くか、ということです。この作法を間違えると、会計監査は会社と社会を「つなぐ」機能を果たしません。したがって会社が「浄化」されることもなく、経営力を「鍛える」こともなくなってしまいます。

では、会計事務所との関係づくりにおける「間違った作法」とはどんなものでしょうか。

中小企業を経営する社長たちの中には、**会計事務所は「節税」のために存在していると思い込んでいる**人が少なくありません。せっかく利益を出しても、法人税をたくさん取られるのは「損」だと感じるので、できるだけ払いたくないわけです。

でも、そのためには専門家の手助けが必要になります。税務処理には専門的な知識が要りますから、素人が節税を試みれば、税務署からのツッコミどころが満載の申告書ができあがるでしょう。

そこで多くの社長は、税務署に文句をつけられないようなお金の使い方を助言し、帳簿上でも経費を巧妙に処理するなどして、より多くの節税を実現してくれそうな会計事務所を雇いたがります。そこにコストをかけても、それ以上に税金が安くなるなら、会社にとって得になる――という発想です。

でも、会計事務所にそんな役回りを求めているようでは、会社を強くすることはできません。**納めるべき税金をしっかりと納める**ことが、会社と社会が正しく「つながる」ということです。本来は黒字が出ている会社を赤字にして節税を図るようなことをすれば、その会社の「呼吸」は乱れてしまい、健康が損なわれるでしょう。

「テキトー税理士」はテキトーな経営者をつくる

そもそも、決算を赤字にするために不要な出費をして経費を膨らませれば、節約した税金よりも多くのお金が会社から消えます。

たとえば50万円の利益があった場合、それにかかる法人税はおよそ15万円。それをゼロ円にするには、利益もゼロにしなければいけません。つまり、15万円をケチるために50万円も無駄遣いすることになるのです。

その50万円で飲み食いや旅行などをして楽しい思いができるなら、税金として取られるよりははるかに有意義だから、決して無駄遣いではない——そういい張る人もいるでしょう。しかし、そんな一時的な快楽のために会社の将来を犠牲にするのは、はっきり申し上げてバカげています。

詳しくは次章でお話ししますが、会社を長く安定的に経営するために会計面でもっとも重要なのは、**「自己資本」をできるだけ厚くする**ことです。

節税のために無駄な経費を使っていたのでは、その自己資本はいつまでたっても厚くなりません。ある程度の法人税はきちんと納めつつ、会社が稼いだ大切なお金を自己資本として蓄えていくべきです。

しかし、世の中の会計事務所が、みんなそういう考えを持っているわけではないでしょう。むしろ「節税テクニック」を売りにして商売をしている税理士も少なくありません。だから経営者たちも、税理士を「節税アドバイザー」だと思ってしまうのです。

しかし私は以前から、そういう同業者を「テキトー税理士」と呼んで強く批判してきました。テキトー税理士の多くは、私たちと違って月次巡回監査などしません。年に1

度しかクライアントのところに顔を出さないケースも多いでしょう。引き受ける仕事は記帳代行と決算・税務申告だけで、監査はしない。会社の「肺」としての機能はゼロです。

そういうタイプの会計事務所といくら強い関係を築いても、経営力はまったく高まりません。「会計即経営」ですから、**テキトーな会計事務所はテキトーな経営者をつくる**だけ。月次巡回監査では、帳簿の中身について、税理士が社長にとって耳の痛い指摘をすることもありますが、それを正面からしっかり受け止めることが経営力アップにつながります。そういう関係を築くのが、会社を鍛えるために忘れてはいけない「作法」なのです。

状況が悪くても「計る」から始めてはいけない

もともと税理士は「節税アドバイザー」などではなく、「会社のホームドクター」、つまり、かかりつけ医のようなものだと考えられてきました。

体調管理や健康維持を図る上で、かかりつけ医を持つことはとても大切です。とくに中高年になると、血圧や血糖値、コレステロール値などの定期的なチェックが欠かせません。いくつかの生活習慣病を抱えて、月に1度のペースで内科医の診察を受け、薬を処方してもらっている人も多いでしょう。

会計事務所による月次巡回監査は、かかりつけ医による定期診察とよく似ています。**毎月の帳簿のチェックは、いわば血液検査**のようなもの。血糖値や尿酸値などの数値と同じように、帳簿上の数字も良くなったり悪くなったりしますが、それに一喜一憂することなく、まずはその変化をしっかりと把握して会社の「健康状態」を認識することが大事。そういう面で役に立つことがなく、ただ目先の節税を手伝うだけのテキトー税理士は、端的にいって「ヤブ医者」でしかありません。

ともあれ、月次巡回監査という内科的な「血液検査」を継続しているだけで、経営力は鍛えられます。「開示」や「6S」の効果によって、社内外からの信頼が高まり、明確な現状認識ができるようになると、社長の判断力や意思決定力が自然と向上するのです。

それが、開示がもたらす4つめの力として挙げた「計る」の段階にほかなりません。

売上、コスト、利益といった数字を計って、どうすれば業績がアップするかを考えて実行する。その力が、「つなぐ」「浄化する」「鍛える」という3つのステップを踏むことで身についてしまうのです。

業績が上がらず、赤字に苦しんでいる社長の多くは、たいがい「計る」ことで業務を立て直そうとします。「何をどう売ればもっと売上が増えるのか」「利益を出すにはどのコストをカットすべきか」と頭をひねるわけです。1日も早く赤字体質を改善したいのでしょうから、その気持ちはわからなくもありません。

でも、それは定期的に健康診断や血液検査を受けていない人が、自分が何の病気なのかも知らないまま、「健康になる薬をください！」と薬局に駆け込むようなもの。そんな患者さんには、誰も有効な治療法を示せません。

また、いきなり「計る」から始めた場合、そこで思いつく改善策は**小手先だけの場当たり的なもの**でしかないでしょう。

現状をきちんと認識しないまま、判断力や意思決定力が低い状態で何か手を打っても、有効なものにはまずなりません。目の前の苦境を脱して「ひと息つけた」という程度の結果は出るかもしれませんが、業績はまたすぐに落ち込みます。そんなことをくり返していたのでは、安定的に長続きする会社にはならないでしょう。

M&Aのような「外科手術」はリスクが大きい

ですから、苦しくても慌てて「計る」ことには走らず、まずは会計面で会社の「呼吸」を整えることが大事。定期的な監査を通じて、できるだけ高いレベルの開示を心がけ、会社の浄化に努めれば、それだけで経営力は鍛えられます。私が見ているかぎり、たいがいの企業は「開示」と「6S」だけで見違えるように蘇るのです。

それが、「会計の型」を身につけることの効果にほかなりません。具体的な経営戦略は業界や会社によって異なりますが、**経営力を高める「会計の型」は普遍的**です。具体的な「計る」を意識するのは、その「型」を身につけてからでもまったく遅くはありません。苦しいときには遠回りな道のりに感じられるかもしれませんが、じつはそこから地道に経営力を高めていくのが、会社にとって一番の早道なのです。

赤字が続いて苦境に陥った会社は、その症状を劇的に改善させる「外科手術」のような対策を求めたくなることでしょう。もちろん、企業社会にはそういう手段もないわけではありません。たとえばM&A（企業の合併や買収）などはそのひとつです。

しかし、企業にとって**「外科手術」は最後の手段**だと思っていたほうがいいでしょう。M&Aのような手段は、たしかに劇的な効果を生むことがありますが、失敗したときのダメージも「劇的」です。

近年は、事業承継に悩む中小企業にM&Aを仲介する会社も増えてきましたが、その中にはきわめて無責任な会社もあることが問題視されるようになりました。買い取った企業が、買い取られた企業の現預金などを吸い取るだけ吸い取って、行方をくらましてしまうといったケースも報告されています。そういう問題が生じても、仲介会社は何の責任も取りません。

医療の外科手術と同様、M&Aをはじめとする「会社の外科手術」にも、そういったさまざまなリスクがつきまといます。そういう手段に賭けるよりも、良い「ホームドクター」としての会計事務所と良好な関係をつくり、**じっくりと内科的な取り組みを続けるほうが、**安心かつ安全な会社経営につながるのです。

第3章 儲けのキモは「B／S」にあり

財務諸表の何に注目するか

企業によるビジネスは多種多様です。提供する商品やサービスの種類はほとんど無限にありますし、それを売るための手法も会社によってさまざまでしょう。

でも、「稼ぐ力」のある中小企業には、共通の「型」があります。それはこれまでも何度かいってきました。会計の正しい「型」さえ身につければ、扱う商品やサービスが何であるかにかかわらず、強い会社をつくることができるのです。

なぜ会計の「型」がそんなに大切なのかといえば、それは企業活動が「お金に始まり、お金で終わる」ものだからです。活動の入口と出口だけに着目すれば、企業は「集めたお金を投資して、利益を出す」ことをくり返す存在です。だから、お金の出入りを管理する会計をないがしろにはできないのです。

企業活動は「お金に始まり、お金で終わる」ものなので、その実態はお金の動きを記録した書類、つまり決算書を見ればわかります。**決算書はほとんど「会社そのもの」**だといってもいいでしょう。だから私たち会計事務所は、内科医が患者の血液検査の数値を見て診断を下すように、クライアントの決算書を見てその会社の現状を把握し、経営助言も行うわけです。

さて、この章では、その決算書についてお話しすることにしましょう。企業が作成する決算書はひとつではありません。「財務諸表」という言葉もあるとおり、決算には次のような複数の書類が関係します。

・**損益計算書**（P／L＝profit and loss statement）
一定期間における収益と費用の状態を表す。
・**貸借対照表**（B／S＝balance sheet）
一定時点における資産、負債、純資産の状態を表す。
・**キャッシュ・フロー計算書**（C／F＝cash flow statement）
会計期間における現金の出入りを表す。
・**株主資本等変動計算書**（S／S＝statements of shareholders' equity）
貸借対照表の純資産の変動状況を表す。

このうち「P／L」「B／S」「C／F」が、一般的に「財務3表」と呼ばれるもの。日本の会計基準では、これに「S／S」を加えた4つを財務諸表としています。

これらの財務諸表のうち、多くの中小企業経営者が何より気にするのは「損益計算書＝P／L」でしょう。P／Lに記載されているのは、会計年度内の売上高から費用を引いた金額。要するに、**「この会社は今年いくら儲かったのか」がわかるのがP／L**です。

経営者にとって「どれだけ儲けを出すか」はきわめて大きなテーマですから、1年の「成績表」のようなP／Lを気にするのは当然のことだと思います。儲けが前回の決算よりも少なければ、「何とかしなければ」と危機感を持つでしょう。

その一方で、「儲けを減らしたい」と考える社長もP／Lを気にします。もちろん、ここでいう「儲け」とは法人税の対象になる利益のこと。「節税」に熱心な社長は、P／Lを見て「もっと経費を使えばよかった」などと悔やんだりするわけです。

会社をトータルに把握するには「P／L」より「B／S」

しかしいずれにしても、財務諸表の中でＰ／Ｌにしか注目しない経営者は、強い会社をつくることができません。節税のために利益を少なく見せかけたがる社長は論外ですが、自分の成績表としてのＰ／Ｌばかり気にする社長も、会計力を高めることはできないのです。

それは、なぜなのか。

たしかに、Ｐ／Ｌは1年の成績を知る上で重要です。でも、それはその1年にかぎった会社の状態を表しているにすぎません。長い目で会社の将来を考えるためには、これまでその会社が積み重ねてきたものを含めた現状を把握する必要があります。

では、どの書類を見ればそれがわかるのか。それは、**その時点における資産、負債、純資産の状態を表す「貸借対照表＝Ｂ／Ｓ」**です。

1年間の成績表であるＰ／Ｌに対して、Ｂ／Ｓには会社が創業時から積み重ねてきたものも含めた現状が表されています。つまり、Ｐ／ＬはＢ／Ｓの一部にすぎないということ。したがって、Ｐ／Ｌだけを見ても「現在の会社の姿」をトータルに把握することはできないのです。

それを理解するために、B／Sのおおまかな仕組みを見ていただきましょう。「対照表」という名のとおり、B／Sは左側の「資産の部」と右側の「負債・純資産の部」に分かれています。

純資産とは、「資本」のこと。本書で重視する「自己資本」とは、これを指していると思ってもらえばいいでしょう。そして、会社が1年間で上げた「当期利益」もこの「純資産」に含まれます。B／Sのほんの一部にすぎません。その「当期利益」の部分をいわばズームレンズで拡大したのがP／Lです。

したがって当然、ある年のP／Lだけで会社そのものの実力を評価することはできません。たとえばプロ野球のルーキー投手が最初のシーズンに15勝したからといって、いきなりベテランの200勝投手と同じ年俸をもらえるわけではないでしょう。選手の年俸は、過去の「積み重ね」に対する評価も含めて決められます。会社の実力も、B／Sを見なければ正しく評価することができません。

そして、B／Sで会社を評価する上でもっとも重要なのが、**資産全体に占める純資産（自己資本）の割合**です。B／Sの左側に記載される「資産」ではありません。「資産」

図3-1　自己資本比率を高める

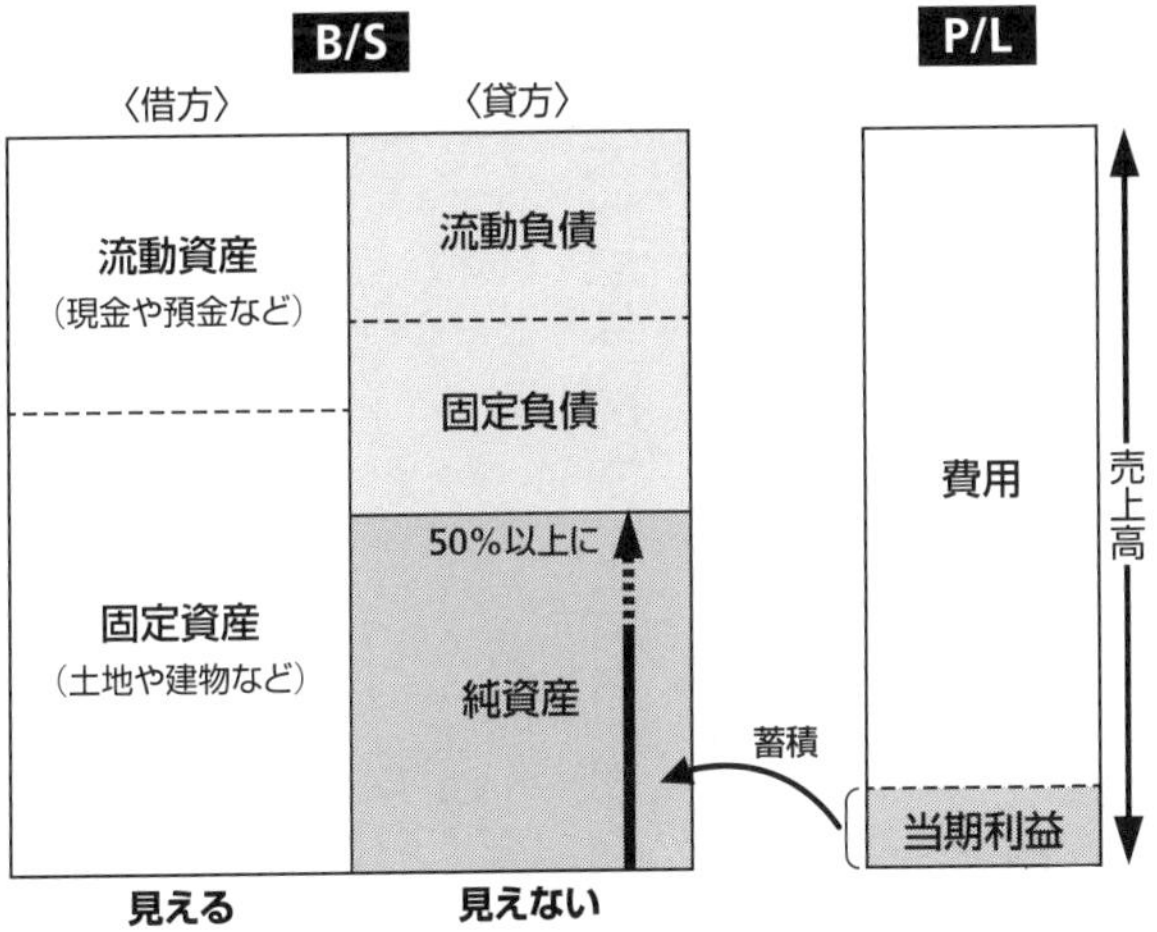

が大きいとそれだけで強そうに感じてしまうかもしれませんが、これは借金をしても大きくなることがあります。

図3－1を見ていただくとわかるとおり、左側の「資産の部」は、現金や預金をはじめとする「流動資産」と、土地や建物などの「固定資産」に大きく分けられます。固定資産は、金融機関からの融資を受けて手に入れることも多いでしょう。その借金の返済が終わっていない段階でも、買った時点で固定資産は増えるのです。

でも「資産の部」には、その借入金が出てきません。固定資産そのものはいわば「目に見える資産」ですが、本当は「見えない部分」があるわけです。

その「見えない部分」を明らかにしているのが、B／Sの右側にある「負債の部」にほかなりません。融資を受けて固定資産を購入すれば、この「負債」が増えます。

また、先ほど述べたとおり1年間の「当期利益」は、「負債」の下の「純資産」に含まれるので、赤字決算を続けている会社はその部分が増えません。そのため、資産全体に含まれる負債の割合がどんどん大きくなっていくでしょう。

自己資本比率は「50％以上」を目指すべし

ちなみにその「負債」は、「流動負債」と「固定負債」の2つに分類されています。流動負債とは、買掛金、支払手形、未払金、未払費用、前受金など「営業活動によって生じる負債」と、返済期限が1年以内の借入金のこと。不動産購入のための借金や金融機関からの長期融資などは、何年もかけて返済していくので「固定負債」となります。

この流動負債と固定負債を合わせた負債全体のことを、ここでは「他人資本」と呼ぶことにしましょう。いつか返済すべき負債ですが、それを使って事業を進めているのですから、「資本」であることはたしかです。ただし、それは自分のものではありません。

それに対して、純資産のほうは「自己資本」。これが資産全体に占める割合が「自己資本比率」です。

これは個人の貯金と同じ「自分のお金」ですから、**自己資本が多いほど会社としての「体力」がある**ことはいうまでもないでしょう。赤字決算を続けている会社や、借入金の多い会社は、この自己資本比率が高まらず、体力が衰えていくわけです。

では、自己資本比率が何％ぐらいになれば、健全な経営状態といえるのでしょうか。

営業活動をしていれば、どうしても買掛金や未払金などの流動負債は生じますから、自己資本比率が１００％になることはありません。日本でもっとも自己資本比率が高い業種は「原油・天然ガス鉱業」ですが、それでも70％を少し超える程度です。

一方、自己資本比率が低い業種は「銀行・信託業」。こちらは平均で約９％しかありません。顧客の預金が借入金として算入されるので、これは当然でしょう。国際的な統一基準では、取引先が海外にもある銀行は８％、国内だけで取引する銀行は４％が自己資本比率の最低ラインとされています。

でも、この特殊な基準を銀行や信託業以外の業界に当てはめてはいけません。ふつうの会社で自己資本比率が10％を下回れば、それこそ大がかりな「外科手術」が必要なレベルの危険信号です。

ところが本書の冒頭で述べたとおり、現在、日本の中小企業の3割近くは債務超過状態、そして、約5割の企業が自己資本比率30％未満です。総資本の70％以上が負債というのは、かなり苦しい資金繰りです。

銀行レベルの自己資本比率が常態化している会社は、資産の9割以上が負債ということですから、毎月の資金繰りに追われ、肩で息をしながら働いているような状態です。なにしろ自己資本という「体力」がないので、いつ倒れても不思議ではありません。

逆に、まったく息切れすることなく、いつも無理のない安定した「呼吸」で収益を上げている中小企業は、たいがい**自己資本比率が50％以上**です。長く続く潰れない会社にしようと思うなら、この「50％以上」を自己資本比率の目標にすべきでしょう。

自力で生きていくには「他人資本」より「自己資本」を

自己資本比率50%と聞くと、「高すぎる」と感じる人も少なくないと思います。しかし序章で紹介したとおり、TKCのデータでは36・7%、3分の1以上の中小企業がそれをクリアしていました。そう考えると、決して難しい数字ではないでしょう。

それを「厳しい目標」だと思ってしまうのは、いまだに高度経済成長期の感覚が日本の企業社会に残っているせいかもしれません。あの時代の日本では、自己資本をそこまで厚くしなくても、多くの会社が安定して黒字を出すことができました。

もちろん、いまとは比較にならないほど景気がよかったこともありますが、黒字を出せた理由はそれだけではありません。高度経済成長期の日本では、体力のない中小企業も潰れないよう保護する政策が実施されていました。だから、自己資本比率の低い会社も安心して経営できたのです。

たとえば、当時は「護送船団方式」と呼ばれる手法がとられていました。大きな船団がもっとも速度の遅い船に合わせて航行するように、それぞれの業界で体力や競争力がもっとも低い企業でもいっしょに成長していけるよう、監督官庁が介入して行政指導を行っていたのです。

また、あの時代には政府主導の国策として「系列企業」がたくさんつくられました。中小企業を財閥系の大企業に「系列」としてぶら下げておけば、簡単には潰れません。そういった保護政策があったからこそ、1973年のオイルショック前の日本では、自己資本比率のことなど気にしなくても、7割もの会社が黒字になっていたのです。

しかし現在は、国もそんなに手厚く中小企業を保護する力がありません。できるのはせいぜい深刻な危機のたびに融資を行って、中小企業を「借金漬け」にすることぐらいです。基本的には、国に頼ることなく、自力で生き残るしかありません。

自力で生きていくためには、やはり**「他人資本」より「自己資本」が重要**です。その会社が「自力」で生きているか「他力」に頼っているかを見極める境界線が、「自己資本比率50％」にほかなりません。自己資本の厚さがそれ以上になれば、その会社は自力で立っているといえるでしょう。

私のクライアントの中には、自己資本比率90％という会社もあります。そこまで「自立」していると、会社としての安定感は絶大で、ちょっとやそっとのことではピクリとも揺らぎません。社長自身も「潰れる気がしない」とおっしゃっていました。

自己資本はフリーキャッシュで増やす

もちろん、「自己資本比率を50％以上にしなさい」といわれて、すぐにそうできるなら誰も苦労はしません。会社によっては、5年、10年という時間が必要になるでしょう。

しかしまずは自己資本比率の大切さを認識し、「50％以上」という明確な目標を定めることに意味があります。それだけでも、社長の会計に対する意識は大きく変わるに違いありません。

というのも、自己資本比率50％以上という目標を持ったら、まずは現状を把握するために**自社のB／Sを見なければいけない**からです。

それまでP／Lにしか関心がなかった社長にとっては、それだけでも大きな前進といえるでしょう。前章までに述べたとおり、会計力のアップは経営力のアップに直結します。B／Sに関心を持つことは、その会計力アップの第一歩。ですから、まずはB／Sを見て現在の自己資本比率を知ることから始めてください。

いままでP／Lしか見ていなかった人は戸惑うかもしれませんが、自己資本比率は

B／Sの「純資産」を、「資産合計」（＝総資本）で割ればすぐにわかります。それが30〜40％ぐらいあれば、「もうちょっとだな」と意欲的になれるでしょう。逆に10％程度だと「大変だな」と気後れしてしまうかもしれません。

でも、その数字がどうであれ、現状を認識したことには大きな意味があります。前にいったとおり、帳簿は会社の実像を映し出す「鏡」のようなもの。とくに自己資本比率は会計の数字の中でももっとも重要なものですから、それを直視するのは、**それだけで社長の経営力を高めてくれる**といえるのではないでしょうか。

自己資本比率50％以上という目標は定まっているのですから、いまの数字を知れば、それを目標に近づけるための中期的な経営計画を立てることができます。

ここで「中期的」という言葉を使ったのは、「自己資本比率50％」という数字は会社にとっての最終的なゴールではないからです。むしろ経営者にとっては、それぐらい分厚い自己資本を持ってからが、強くて大きな会社をつくるためのスタートだといってもいいでしょう。

その意味で、自己資本比率50％は「通過点」にすぎません。だから、それを達成するまでのプランは「中期的な計画」なのです。

現在の自己資本比率がわかれば、それを50％以上にするために、1年にどれだけの自己資本を積み増しし、何年かければよいかがわかるでしょう。B／Sの資産にはいろいろな項目がありますが、その中でもっとも増やしたいのは流動性の高い現預金です。流動性の低い固定資産などが多いと、いざというときすぐに換金できません。

自己資本を厚くする一番の目的は「**変化に機敏に対応できるようにする**」ことです。たとえばコロナ禍のような突然の環境変化に対応し、売上がなくても従業員の給料を払えるようにするには、いつでも使えるフリーキャッシュが十分になければいけません。

利益が出たら「節税」より「内部留保」

では、流動性の高い現預金を増やして自己資本比率を高めるには、どうすればいいのか。これはもう、「**黒字を出して利益を内部留保に回す**」しかありません。つまり、自己資本比率を高めようと思ったら、節税のために経費を使って利益を減らしている余裕などないということです。

そもそも私たち税理士は、クライアントが安定的に黒字を出し続け、納税することで社会性を発揮できるようにサポートするのが本来の役目です。納税は、企業が果たすべき社会的な責任のひとつ。「法人」としての会社が一定の社会的信用を得て事業を展開することができるのは、社会全体でつくり上げた公共のルールやインフラなどがあるおかげでしょう。利益が出たらしっかり法人税を納め、それによって社会に受け入れられる存在にならなければいけません。

とはいえ私は、「節税」がすべてダメだと思っているわけではありません。利益がある一定のラインを越えれば、会社の将来に役立つ形でお金を使い、それによって支払う法人税を節約するのも悪くはないでしょう。

そのラインは、「**当期利益（所得金額）800万円**」です。というのも、現在の法律では、当期利益（所得金額）が800万円以下の場合、中小企業には通常よりも低い優遇税率が適用されます。利益の少ない中小企業は、社会から「大目に見てもらっている」といってもいいでしょう。

つまり当期利益800万円までの会社は、それより多く稼いでいる会社と比べて、ある意味で「節税」ができているわけです（厳密には当期利益が４００万円を超えると地方税率が少し上がりますが、それほど大きなものではありません）。

そこからさらに節税を考えるのは、社会性のある行為とはいえないでしょう。ですから私は、当期利益が８００万円になるまでは節税を考えずにしっかりと納税することをクライアントにすすめています。

ちなみに優遇税率は、全体でおよそ30％。利益が２００万円なら納税額はおよそ60万円、上限の８００万円ならおよそ２４０万円ですから、小さな会社にとっては決して少ない額ではありません。節税を考えたくなる気持ちはわかります。

でも、それを納税しても、利益の７割程度は残ります。それを内部留保に回して自己資本を増やしていけば、変化に機敏に対応できる強い会社になっていくでしょう。目先の納税を嫌って利益を出さず、自己資本比率の低い状態を続けていると、会社は**体力をどんどん失って衰弱していく**ばかりです。長い目で見れば、少しも得になりません。

「美しいB／S」を求めると意識が変わる

利益が出ても節税をせず、納税後に残った分を内部留保に回す――これをやり始めるだけで経営者としての意識が変化する社長を、私はいままで何人も見てきました。しっかり納税をすることで、会社の「社会性」を自覚するのでしょう。外部とのつながりを大事にするようになり、開示力が向上して、信用が高まります。

また、以前は納税を「もったいない」と感じていた人でも、いったん利益を内部留保に回し始めると、自己資本が厚くなること自体が嬉しくなり、そこにやり甲斐を感じるようになります。もちろん、フリーキャッシュが増えていくことによる安心感も得られるのでしょう。

そういう喜びや安心感を味わうと、節税のために**フリーキャッシュを使ってしまうことのほうが「もったいない」**と思えるようになるのです。

さらに、自己資本比率を高めることを楽しめるようになった人は、一見すると無味乾燥な数字が並んでいるだけのB／Sに**「美しさ」を求める**ようになります。実用一点張りの書類にすぎない財務諸表に「美醜」の差があるとは思えない人も多いでしょう。でも、B／Sの「型」を意識すると、それがわかるようになります。「型」である以上、崩れれば醜いし、整っていれば「美しい」のです。

たとえば、未回収の売掛金。これは流動資産としてB／Sの左側に「資産」として算入されます。しかし、未回収の売掛金がどれだけたくさんあっても、自己資本のフリーキャッシュは増えません。「資産」が多いこと自体は決して悪いことではありませんが、現預金で自己資本を厚くしたい人にとって、そこが膨らむのはどうも気持ちが悪い。そういうB／Sは「美しい」とは思えなくなるのです。

B／Sをより美しくするためには、未回収の売掛金をなるべく早く回収してキャッシュ化しなければいけません。そのため、自己資本比率50％以上という目標を掲げた経営者は、**売掛金をどうやって回収するか**を以前より真剣に考えるようになるのです。

そんなふうに「美しいB／S」を求めるようになると、年に1度や2度のチェックでは気が済みません。B／Sは経営者自身の姿を映し出す鏡のようなものですから、「型」が乱れていないかどうか常に気になります。誰でも身だしなみを気にして鏡を見るように、いちいちB／Sを見てしまうのです。

毎日B／Sをチェックする社長

実際、私の知人の経営者の中には、「毎日B／Sをチェックしている」という方がいます。大阪で伸縮式絶縁工具などを手がける宣真工業の木村哲也社長です。

会社の創業は1959年で、現在の社長は3代目。「売り家と唐様で書く3代目」という言葉もあるように、同族会社も3代目になると初代、2代目が築いてきたものをダメにしがちだといわれますが、この会社はまったくそんな気配がありません。無借金経営で、**自己資本比率はなんと98・1%**。自己資本に占める**現預金比率は42・9%**と、フリーキャッシュが十分にあります。

木村社長によると、このB／Sの「型」を崩さないことが経営の秘訣とのこと。そのため、鞄の中にはいつも最新の財務諸表を入れて持ち歩き、毎日B／Sをチェックしているそうです。

おそらく、そうやって頻繁にB／Sの美しさを確認することで、木村社長の思考力や判断力が鍛えられているのでしょう。私には、そう見えます。

たった1年の成績表にすぎないP／Lだけを見ている社長は、経営についてじっくりと腰を据えて考えることができません。一方、B／Sは創業時からずっと積み重ねてきた歴史を含めた会社の姿を表現しているので、それをいつも見ていると、物事をじっくり考えるようになるのだと思います。

木村社長の場合は、そうやって考えることで、社員をじっくり育てる社風を生み出しました。取引先に評価されて量産化される製品を生み出すには、社員がじっくりと仕事に取り組み、高いプロ意識を身につけなければいけません。経営者には、社員たちにそれが自然と芽生えるまで待つ姿勢が求められます。

P／Lばかり気にする経営者は「今年の利益」に執着するので、それを待てません。そのため社員のプロ意識は育たず、息の長い製品も生み出せない。スタンダードな製品として、長く取引先のニーズに応えられるようなものにはならないのです。

それに対して、「美しいB／S」を求めて自己資本を厚くした会社には基礎体力があるので、**長期的な視野を持って「待つ」**ことができます。木村社長はその姿勢を貫くことで、宣真工業にしかつくれないスタンダードな製品を世に出し、業界から評価されるようになりました。最近は製品の海外展開も目指すようになり、外国人も社員として採用するなど、会社の未来をさらに広げようとされています。

B／Sを美しくするための工夫

いまご紹介した宣真工業は、無借金経営の会社でした。借入金は「他人資本」ですから、それがなければ自己資本比率が高まるのは当然でしょう。

しかしその一方で、自己資本比率が高いにもかかわらず、その比率をさらに高めるために、あえて金融機関から資金を借り入れる会社もあります。フリーキャッシュが十分にあり、資金繰りに困っているわけではないのに融資を受けるのですから、じつに不思議な話です。なぜ、そんなことをするのでしょう。

たとえば1000万円の預金があれば、金融機関はそれを担保に1000万円を融資します。それによって、手元のフリーキャッシュは倍の2000万円になる。でもその会社の社長は、そのキャッシュには手をつけません。もちろん、借入金は毎月ちゃんと返済していきます。

すると数年後に返済が終了したときには、借りる前には1000万円だった預金が2

000万円に倍増して自己資本になっています。これはつまり、「積立貯金」をしているのと同じこと。積立目標額の1000万円を先に借りてしまい、**月々の積立の代わりに返済していく**わけです。

借入金には利子がつきますから、正確には「積立と同じ」ではありません。当然、積立のほうが得です。

ではなぜ積立にしないかといえば、借入金の返済には「待った」をかけられないから。月々の積立は、資金繰りが苦しくなったときに「今月はナシ」にすることもできるでしょう。積み立てなくても誰にも迷惑がかからない分、途中で挫折しやすいのです。

それに対して、借入金の返済はどんなに苦しくても続けなければいけません。だから、「数年後に自己資本をこれだけ増やしたい」という目標を達成しやすいのです。

その社長にとっては、その目標を達成したときのB／Sが「美しい」と思えるのでしょう。どうしてもその「美」を追求したいので、会社にとってやや負担のかかる手法を取ってでも、自己資本比率を高めようとするわけです。負荷のかかる筋トレをして、強く美しい体をつくるアスリートにも似ているかもしれません。

もっとも、体の弱い人が急に激しい筋トレをすれば怪我をしやすいのと同じで、これはすでにそれなりの「体力」をつけた会社にしかできないことでしょう。でも、ここで大事なのは、**B／Sの「美しさ」を求めるようになると、経営手法の選択肢が広がる**ということです。積立の代わりに借入金を返済して自己資本を厚くするなどというアイデアは、P／Lしか見ない経営者には絶対に考えつきません。

ですから、たとえまだ十分な体力のない会社でも、B／Sの「美しさ」を意識するだけで、それ以前には考えもつかなかった工夫ができるようになるのではないでしょうか。目先の法人税をケチるためのいじましい工夫を考えるより、「美しいB／S」をつくるための工夫のほうが、はるかに会社にとって有益なのです。

金融機関は「P／L経営」より「B／S経営」を高く評価する

P／Lしか見ない経営者とB／Sを重視する経営者では、外部の社会と会社の「つながり方」も変わってきます。外部からの信用や期待感などが、「B／S経営」のほうが高まるのです。

とくに大きく違うのが、**金融機関からの評価**でしょう。融資を受けたいとき、「P／L経営」の社長は、自社の売上や当期利益について話したがります。「これだけ儲かっているのでちゃんと返せます」とアピールすることで、金融機関の信用を得ようとするわけです。

しかし金融機関側は、じつのところ、融資先を評価する上でそこはあまり見ていません。売上や当期利益といったP／L上の数字は、1年の成績にすぎないからです。その年にいくら儲かったとしても、それだけでは会社の将来性を計る尺度にはならないでしょう。

融資を検討する金融機関が知りたいのは、「この会社がこれからどうなるか」です。貸したお金がちゃんと返ってくるかどうかを見極めるために必要なのは、「過去」より「未来」に関する情報。ですから、社長が「私はこれまでこんな努力をしてきました」などと自分の過去を語っても、あまり興味は示しません。そこをアピールしたがる社長も多いのですが、金融機関が聞きたいのは昔の自慢話や武勇伝ではなく、「これからどう経営していくつもりなのか」ということです。

ですから、何よりも今後の「事業の方向性」をしっかりと示せるかどうかが大事。それも、「なぜその事業を進めるのか」「目標をいつまでに実現するのか」「どうすればそれが可能なのか」といったことを具体的に語らなければいけません。もちろん、それらを踏まえて、借入金を返済できる根拠を示すことも重要でしょう。

さらに金融機関からの信用が高くなるのは、**「会計」に対する姿勢や考え方をはっきりと示すことのできる社長**です。融資をする以上、お金の出入りに無頓着な相手は信用できません。金融機関にとっては、まさに「会計即経営」です。監査を中心とする会計サイクルの意義を理解し、高いレベルの開示に努めているような経営者は、間違いなく高く評価されることでしょう。

そして、会社の将来や会計についての考え方をしっかりと話せるのが、「B／S経営」を心がけている社長にほかなりません。

先ほどお話ししたように、会社が長く積み重ねてきたものを含むのがB／Sですから、それを日頃から意識している経営者は長期的な視野を持つことができます。そこが「P／L経営」との大きな違い。だからこそ、じっくりと先のことを考えて、自分の会社が進むべき方向性を見極めることができるのです。

企業理念をB／Sで表現する

また、事業の方向性や会計についての姿勢や考え方などを示すときに、自社のB／Sとからめて語ることができれば、ますます金融機関からの評価は高まるでしょう。

そのB／Sには、過去・現在・未来を含めた企業理念がどのように表現されているのか。そして、今後はどのようなB／Sをつくろうとしているのか。

そのようなことを自信を持って語れる経営者に、金融機関は二重丸をつけるはず。揺るぎない会計の「型」がある会社は、外部と強固な「つながり」を持つことができるのです。

では、「**企業理念をB／Sで表現する**」とはどういうことでしょうか。

たとえば社長が「私の会社は従業員を大切にします」という企業理念を掲げたとしましょう。口でいうだけなら、誰にでもできます。でも、それをB／Sで表現するのは簡単なことではありません。

そもそも「従業員を大切にする」ためには何をすればいいのか。「残業をさせない」とか「パワハラやセクハラをしない」とか「有給休暇をいつでも取れるようにする」とか、細かいことはいろいろあるでしょう。

でも、一番大事なのは「**会社を潰さない**」「**ちゃんと給料を払う**」だと思います。どんなにホワイトな企業でも、倒産して従業員を路頭に迷わせたり、給料の遅配や突然の減給などがあったりすれば、「大切にした」ことにはなりません。経営者にとって最大の責任はそれでしょう。

そして、会社を取り巻く環境は、いつ、どんなふうに変わるかわかりません。コロナ禍のときは、3年ものあいだ経済全体がひどく停滞しました。飲食店などは売上がまったくなくなり、従業員の給料を払えなくなったところもあるでしょう。

そういう緊急事態に備えるには、自己資本を分厚くするのが一番です。『日本でいちばん大切にしたい会社』シリーズなどの著作でも知られる経営学者の坂本光司さんは、「全社員の給料が1年半分払える内部留保を持ちなさい」「できれば3年分。5〜6年分あるとなおいい」と指南しておられます。

なかなか大変なことですが、「従業員を大切にします」という理念を掲げるなら、それだけの内部留保を持っておかなければリアリティがありません。何かあったときに人件費を払えないようでは、そんな理念は空念仏でしかないでしょう。

そして、内部留保がどれだけあるかは、B／Sを見れば一目瞭然です。十分な自己資本がなければ、企業理念が表現されたB／Sとはいえません。コロナ禍のような事態が起きたとき、**3年ぐらい売上がゼロでも人件費を払い続けられるだけの自己資本**を持っていてこそ、「従業員を大切にする」という企業理念がB／Sで表現されているといえます。

なかには、「従業員を大切にするために福利厚生施設の充実を図っています」という経営者もいるかもしれません。それはそれで、必ずしも悪いことではないと思います。でも、そのために金融機関から多額の借入をして、会員制のリゾートホテルを購入していたとしたら、どうでしょう。これもB／Sで表現はされますが、その場合は「他人資本」を増やすことで自己資本比率が低くなっています。

これは、むしろ「従業員にとってリスクの大きい会社」であることを表現するB／S

だといえるでしょう。

たしかに、いつでも好きなときにリゾートホテルを利用できることを喜ぶ従業員もいるとは思います（全員がそうだとはかぎりませんが）。しかし、そのために借金をして固定資産を増やし、厳しいときに人件費の源泉になる自己資本を減らしているとしたら、従業員を本当の意味で大切にしていることにはなりません。経営者が従業員に与える**最大の福利厚生は「会社を潰さないこと」**なのです。

ほかにも、B／Sに表現される企業理念はいろいろあるでしょう。たとえば、いわゆる「SDGs（持続可能な開発目標）に取り組む」という理念。これも、口先では何とでもいえます。しかし本気でSDGsに取り組み、まともな成果を上げようと思ったら、やはりそれなりの「体力」が必要です。自己資本比率の高い会社でなければ、社会課題を解決するだけのパフォーマンスはできません。

これから「B／S経営」を目指す人は、自分の掲げる企業理念がどのようにB／Sで表現できるかを真剣に考えてみるといいでしょう。それを深く考えること自体が「会計力」を高め、それが経営力の向上につながるはずです。

第4章 他人資本への感謝から成長が始まる

——お金の「酸化」と「還元」

借入金は25％以内にするのが美しい「型」

前章では、B／S経営のもっとも基本的な「型」として、「自己資本比率50％以上」という数字を挙げました。その目標をクリアするためには、当期利益800万円までは節税を考えず、内部留保を増やすことが大事です。

では次に、「他人資本」のほうに目を向けましょう。

すでにお話ししたとおり、B／Sの右側に記載される「負債」には「流動負債」と「固定負債」の2種類があり、私はその負債全体を「他人資本」と呼んでいます。

流動負債には返済期限が1年以内の短期的な借入金も含まれていますが、その大半は買掛金、支払手形、未払金など営業活動によって生じる負債でしょう。一方、固定負債はすべて金融機関などからの長期的な借入金です。

B／Sの「型」を整えるためにまず考えてもらいたいのは、後者の固定負債のほうです。他人資本の中で借入金が占める割合をどれくらいに抑えると、「美しいB／S」といえるでしょうか。

図4-1　中小企業が目指すべき美しいB/Sの「型」

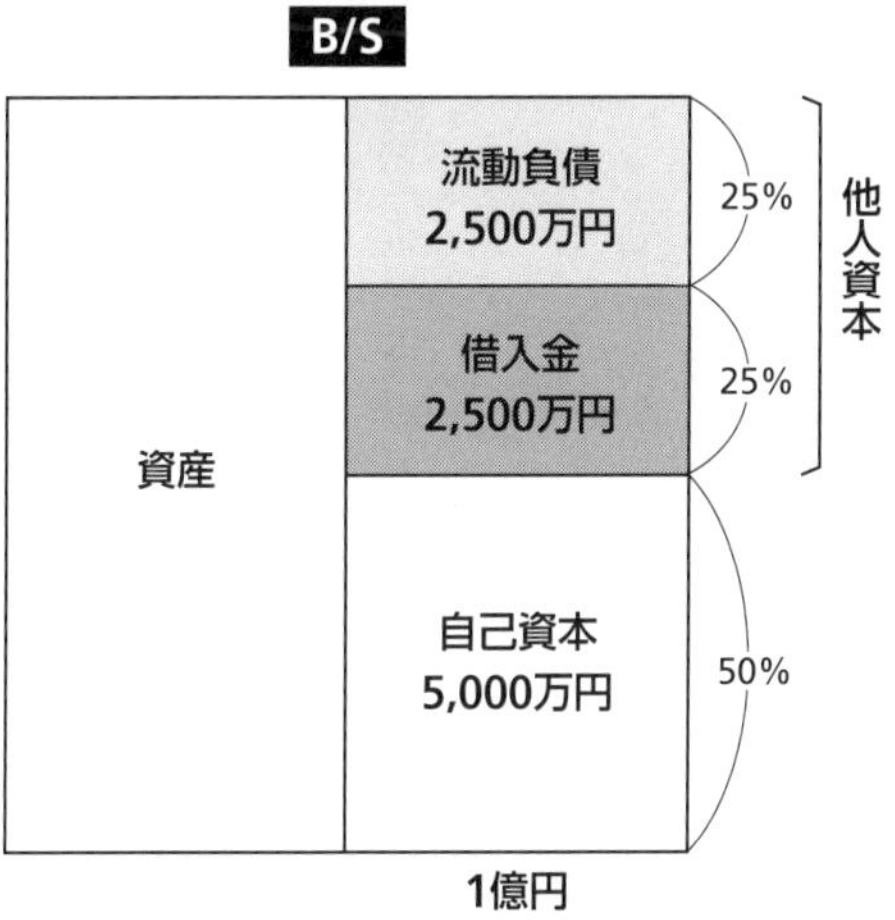

結論からいうと、**望ましい借入金限度割合は総資本の25％**です。つまり、借入金の割合を他人資本全体の半分までに抑える。たとえば資本総額が1億円なら、図4－1のようになるでしょう。「美しいB／S」の自己資本比率は50％以上ですから、自己資本は最低でも5000万円。残りの他人資本5000万円のうち、借入金は2500万円までにするということです。

もちろん、「自己資本比率50％」も「借入金限度割合25％」も、あくまでも目安にすぎません。前者が50％を割ったり、後者が25％を超えたりした途端に、会社がおかしくなるということはないでしょう。

でも、やはり「型」は大事です。たとえば競技としての空手は、相手と対戦する「組手」だけではありません。決まった動きをひとりで演じる「型（形）」というカテゴリーもあります。「組手」は対戦相手を倒せば勝ちですが、「型」は技の意味を正確に表現しているかどうかが問われる競技。審判員は、選手の集中力や仮想敵を制する強い意志なども採点するそうです。

会社経営に当てはめると、マーケットで「何をどう売るか」が空手の「組手」に相当するといえるでしょう。でも、「型」がしっかりしていないと、「組手」でレベルの高いパフォーマンスを見せることはできません。

そして、会社の「型」が示されるのがB／Sです。そこに、経営者の理念や方針が表現されるのです。「この型でやっていく」と決めれば、会社全体の姿勢がよくなり、従業員たちの集中力や意志も強くなるでしょう。

また、現実問題として、借入金を25％までにしておくと、**資金繰りが楽になります。**返済しながら自己資本を厚くしていけるからです。その「型」を守ることで、無理なく成長していけるのです。

お金を払う相手を低く見るのは「カスハラ」と同じ

一方の「流動負債」は、営業活動の中で必然的に生じるものです。借入金と違って、減らそうとしても減らすことはできません。

しかし、これも負債は負債です。自分のものではない「他人資本」ですから、「あって当然」と気にしないのはあまり感心しません。

たとえば仕入れ先に対する買掛金や人件費の未払金といった流動負債は、相手に「支払いを待ってもらっているお金」です。これは、金融機関に返済するまで一定の時間がある借入金も同じこと。もちろん、支払いや返済の期限を迎えていなければ何も文句をいわれる筋合いはないでしょう。でも、**「待ってくれる相手」がいることで成り立っているのが他人資本**です。

人間とは不思議なもので、お金を払う立場になると強気な姿勢——有り体にいえば、偉そうな態度——になることが少なくありません。たとえば、数年前から社会問題になっている「カスハラ」の根っこにあるのも、「金を払う客のほうが大事にされるべきだ」という思い込みでしょう。

もちろん、お客さんは大事にされるべきですが、だからといって売る側よりも「偉い」わけでも何でもありません。売る側はお金をいただき、買う側は商品やサービスをいただくという等価交換をしているのですから、**本当は対等な立場**だと思います。

ところが、なぜか頭を下げるのはもっぱらお金をいただく側。それは昔からそうでしたが、近頃は「こっちは金を払ってるんだぞ」とばかりに居丈高な態度を取り、ちょっとしたことで店側に土下座などを強要する客が目立つようになりました。

中小企業の経営者の中にも、自社製品を売る相手にはペコペコするのに、仕入れ先に対しては尊大な態度を取る人が少なからずいます。いや、大半がそうだといってもいいでしょう。「買ってやるんだから」と無理難題を吹っかけたり、いじめたりするのです。問題視されている「カスハラ」と大差ありません。

でも、そういう人だって、別の取引相手に対しては、売掛金が払われるのを待つ立場でしょう。どちらの立場だろうとお互い様の話ですから、偉そうにしていいわけはありません。一方でお客さんに対してペコペコしているので、そのストレスを仕入れ先に向かって発散しているのでしょうか。

いずれにしろ、お金を払う側とはいえ、買掛金という形で仕入れ先を待たせているのはたしかです。それは従業員の給料も同じこと。支払いは月に1度ですが、従業員は毎日会社で働いています。その日の労働への対価を、その日のうちにもらっているわけではありません。最大で30日ぐらい、支払いを待ってくれているのです。給料日前に金欠になっても、「昨日までの分をください」とはいいません。何とかやりくりしながら、給料日が来るまで待っているわけです。

そう考えると、お金を払う相手に対して偉そうにすべきではないのはもちろん、むしろ**感謝の念を持って然《しか》るべき**でしょう。どんなに借入金を減らしても、自己資本だけで事業を進めることはできません。会社の経営には「他人資本」が不可欠であり、それがあるのは支払いを待ってくれる相手がいるおかげです。

待ってくれるのは、こちらを信じてくれているから。そう思えば、自然と感謝の思いがわいてくるのではないでしょうか。

「他人資本」への感謝が会社を成長させる

ちなみに、支払いを待ってくれているのは、仕入れ先や従業員、融資を受けた金融機関だけではありません。法人税の納税も年に1度ですから、ある意味で支払いを待ってもらっています。日々の利益が出るたびに請求されるわけではありません。

相手が税務署だと思うと「待ってくれてありがとう」という気持ちにはならないかもしれませんが、払った税金は国民のために使われます。もちろん会社の経営者自身もその国民のひとり。そう考えれば、こちらのお金も「払ってやるんだから待たせるのは当たり前」という態度ではいけないことがわかるでしょう。納税が年に1回なのは親心ともいえるわけです。

それも含めて、企業経営はさまざまな形で「社会の力」を借りています。もちろん、誰かに寄りかからず「自力」でやっていくことが大切なのはいうまでもありません。でも、100%の「自力」は不可能です。

だからこそ、**「社会の力」を借りている**ことを自覚し、それに対する感謝を忘れてはいけません。それを見失うと、本人は「自立」しているつもりでも、実際にはただ傲慢なだけの経営になってしまうでしょう。

他人資本は、いわば「社会と会社をつなぐ箱」のようなものです。そこに注意を向けずに、すべて自分の力でやっているかのように錯覚していると、社会からの信頼度も高まりません。

そういう意味でも、経営者はB／Sを意識すべきです。自己資本比率を高めようと思ってB／Sを見れば、そこには常に「他人資本」が存在することにも気づくはず。自己資本比率が目標の50％に達しても、残りの50％は他人資本です。たとえ自己資本比率が90％になったとしても、10％は他人資本。自分の力だけでは会社など成り立たないという現実を直視すれば、自然と謙虚な姿勢になるでしょう。**他人資本に感謝できるようになったところから、会社の成長が始まります。**

自己資本は「未来」への投資に使える

また、他人資本のお世話になっていることを自覚すると、「自己資本を分厚くしよう」というモチベーションも高まるでしょう。

というのも、買掛金であれ借入金であれ、他人資本には必ず「支払い期限」がありま す。それに対して、自己資本には（自分のお金なのだから当たり前ですが）使った分を回収する期限がありません。たとえ回収できなくても、外部の取引先などに迷惑をかけることはないのです。

そのため、**自己資本は「未来」への投資に使うことができます**。次の新しいビジネスを生み出すには研究などへの投資が必要ですが、そこに借入金を使うのはリスクが大きいでしょう。返済期限を気にしていたら、じっくり腰を据えて研究することができません。研究する部署に「早く結果を出せ」というプレッシャーがかかってしまい、拙速なアイデアしか生まれないおそれがあります。

しかし自己資本による投資なら、回収のタイミングを気にする必要がありません。本当に未来を切り拓くような成果が出るまで、じっくりと研究を続けることができるでしょう。そういう自己資本の有効な使い方は、B／Sで他人資本とのバランスを常にチェックすることで見えてきます。

支払い期限のある他人資本は、ある意味で「いまを生きる」上でありがたい資本だといえるでしょう。それに対して自己資本は、会社の過去が刻まれていると同時に、未来にもつながる資本です。

その両方を頻繁にチェックすることで会社の「過去・現在・未来」をトータルに見通すことができるのが、B／S経営の良いところなのです。

社長はなぜ固定資産を持ちたがるのか

ここまでは、B／Sの右側に書かれる自己資本と他人資本について見てきました。次に、左側のほうに目を向けてみましょう。「流動資産」と「固定資産」です。

自己資本比率を高めるときに増やしたいのはフリーキャッシュ、つまり現金や預金などの流動資産であることは前章でもお話ししました。コロナ禍のような環境変化に対応するためにも、先ほどお話しした「未来への投資」に使うためにも、自己資本は流動性が高いもので積み上げるのが有効です。**すぐに換金できない固定資産**は、あまり役に立ちません。

しかも固定資産の多くは、**持っているだけでさまざまな経費**がかかります。たとえば土地や建物は毎年、固定資産税を払わなければいけません。建物を持てば火災保険への加入も必要になりますし、修繕費も積み立てることになるでしょう。自動車も、自動車税がかかります。さらにガソリン代や駐車場代、車検にかかる費用なども合わせて考えると、かなりの「金食い虫」です。

所有するだけで、有無をいわさずにそれらのランニングコストが発生するのですから、**固定資産を持つことにはかなりのマイナスが伴う**といわざるを得ません。その固定資産を維持するためのランニングコストを余計に稼がなければならないのです。自己資本を厚くするためにがんばってフリーキャッシュを貯めようとしても、このような出費が多いのでは、水を汲むバケツに穴が空いているようなものでしょう。

しかし実際には、固定資産を持ちたがる社長が少なくありません。おそらく、それが自分のステイタスにつながると思うからでしょう。たしかに、本社ビルや高級自動車などの固定資産を所有していると、世間から「なんて立派な会社なんだろう」とか「事業で成功しているに違いない」などと思われるような気がします。

でも、そういう上っ面だけを見た世間的な評価は、会社にとってそれほど大きな意味はありません。対外的な信用は、あくまでも会計の開示によって得るべきです。大きな固定資産を所有していても、それを買うために莫大な借金をしているようでは、金融機関や取引先などからの信用にはつながりません。

つまり固定資産を持ちたがる社長は、そういう本物の信用がほしいのではなく、単に世間体をよくしたいだけなのではないでしょうか。もっと直截《ちょくせつ》ないい方をしてしまえば、「いい恰好」がしたいだけなのだと思います。要するに、社長の自己満足にすぎません。

実際、会食の席などで「あなた、いまは何に乗ってるの？　私はね……」などと、社長同士でクルマ自慢に花を咲かせる人はよくいます。固定資産とはちょっと違いますが、いつも高級そうな腕時計を身につけて自慢する人もいますし、社長室の内装をやたらと豪華にする人もいるでしょう。

いずれにしろ、これは少しも会社のためになりません。社長の自己満足感が高まるだけのことです。

「持たざる経営」が自己資本を厚くする

もちろん、すべての固定資産に意味がないとはいいません。たとえば本社ビルを持つことは、大企業なら必ずしも無駄ではないでしょう。企業の規模が大きいほど本社機能も拡大し、重要度が高まります。自前で立派な本社ビルを建てることで、従業員が働きやすい環境を用意すれば、生産性が向上するかもしれません。それなら、会社にとって非常に有意義です。

でも中小企業の場合、そもそも本社機能はそれほど大きくありません。そこを大きくしている中小企業は、システム全体の効率が悪くなりがちです。本社機能を適正なサイズにしていれば、立派な本社ビルは不要でしょう。収益につながらない本社ビルを借入金で建てたがる社長もいますが、会社にとって百害あって一利なしだと思います。

社宅も従業員のための環境として大切ですが、これも固定資産として所有する必要はありません。会社で借り上げたアパートやマンションなどを社宅として使えば、業績が低迷したときには家賃の安いところ、好調なときには少し広いところにするなど、社宅にかける経費を調整できるでしょう。所有してしまうと、ローンの支払いや固定資産税などの出費が固定されてしまいます。

いずれにしろ、**中小企業は「持たざる経営」を志向すべき**です。

自分の会社が稼いだ利益を「目に見える資産」にしたいという気持ちはわからなくもありませんが、それは社長の自尊心を満たすだけで、事業の継続や安定化にはつながりません。**いざというときに頼りになるのは、あくまでもフリーキャッシュ**です。

お金をたくさん稼げば、それで何かを買って所有することで、達成感や豊かさを味わいたくなるのが人情というものかもしれません。「持たざる経営」を志向すべきだと頭ではわかっていても、「持つ」ことを諦められない社長が多いのも、そのためでしょう。

しかし私のクライアントには、「持たざる経営」を徹底することで成功している人たちもいます。

たとえば、米国製の浄水装置の日本総代理店であるグランドデュークスという会社もそのひとつ。同社の取り扱う浄水器は、安全・安心な水本来の味を楽しめることから、多くの著名な料理人も高い信頼を寄せています。多くの人が、水道水を美味しくて安全な飲料水として飲むようになれば、ペットボトルの使用量は減るでしょう。それによってSDGsに貢献するのが、この会社の目標です。

それはともかく、会計面でのグランドデュークスの特徴は、財務諸表がきわめてシンプルであること。その期ごとの収支で完結する経営を実践することで、課題を未来に持ち越しません。そのために、不動産をはじめとする不要な固定資産は持たないのです。

その姿勢を貫くことで、同社は長く無借金経営を続けてきました。無借金の「持たざる経営」ですから、当然、自己資本はどんどん分厚くなっていきます。その潤沢な現預金は、まるで山からの豊かな湧き水のごとし。持続可能な開発目標（SDGs）に貢献すると同時に、会社そのものも「持続可能な経営」を築き上げているわけです。

会社の「酸化還元反応」とは

ところでみなさんは、高校時代に化学の授業で習う「酸化還元反応」のことを覚えているでしょうか。原子（または原子を含む物質）が電子を失う変化が「酸化」、電子を受け取る変化が「還元」です。

「突然、何をいい出すんだ？」と戸惑われたかもしれません。こんな話を始めたのは、企業会計にも「酸化」と「還元」の考え方が応用できると思っているからです。「お金」をやり取りする企業会計は、「電子」をやり取りする酸化還元反応とよく似ているのではないでしょうか。

酸化還元反応で大事なのは、電子を失ったり受け取ったりする過程で、エネルギーが生まれることでしょう。たとえば電池は、酸化還元反応を利用して電力を生み出すもの。また、植物がエネルギーを得る光合成の過程でも酸化還元反応が起きていますし、私たち人間の呼吸も、酸化還元反応によってエネルギーを得る仕組みです。

第1章でお話ししたとおり、会計は会社にとって「呼吸」にほかなりません。お金を「電子」に見立てれば、まさに会社は「酸化還元反応」によってエネルギーを得ているようなものです。**コストの支出という「酸化」**と、**現金収入という「還元」**をくり返すことで利益を上げ、それを積み重ねることで会社そのものが成長していくのです。

成長のために重要なのは、支出と収入という酸化還元反応を通じて、しっかりとエネルギー（自己資本）を蓄えること。収支がマイナスになり、「酸化」ばかりが進んでしまうと、会社は次第に弱っていきます。

物質の酸化によって生じる現象も、私たち人間にとって、あまりありがたくないことが多いでしょう。たとえば体の酸化は、病気や老化の原因になるといわれています。体内で活性酸素が増えすぎると、細胞が傷ついて「酸化ストレス状態」になり、動脈硬化や免疫機能の低下などを引き起こしやすくなるそうです。

また、食べ物が酸化すると色や味が悪くなりますし、栄養価も下がったりします。鉄が錆びるのも、ゴムがボロボロになるのも、酸化によるもの。電子を失うと、いろいろと人間にとって不都合なことが起きるのです。

会社も「酸化」が進むと、病んだり錆びたりしかねません。酸化したリンゴのように色や味が落ちれば、世間からの信用度も落ちるでしょう。

そんな「会社の酸化」を避ける上で気をつけなければいけないのは、無駄なコストの支出だけではありません。受取手形、売掛金、棚卸資産（在庫）なども「酸化」した資産です。買掛金、未払金なども、もちろん「酸化」資産。金融機関からの借入金も、最大の「酸化」要因として忘れてはいけません。現金・預金、有価証券などは「還元」資産ですが、「会社の酸化」を進めかねない項目は帳簿の中にたくさんあります。

経営は「酸化」と「還元」のくり返しですから、いま挙げたような「酸化」資産をゼロにはできませんし、その必要もありません。大事なのは、**「酸化」を放置せず、必ず「還元」するよう事業を進める**ことです。

そして、先ほどお話しした**「持たざる経営」は、「会社の酸化」を防ぐ上でもっとも有効な「型」**だといえるでしょう。

不要な固定資産を持つのは、まさに「酸化」を「固定」して、「還元」へのプロセスを止めるようなもの。社長が高級車や高級腕時計を自慢するようになったら、会社の鮮度が落ちたと思ったほうがいいでしょう。豪華なインテリアを揃えた社長室は、どんなに見た目がきれいでも、じつは錆びついているのです。

第5章 覚悟のない借入は会社をダメにする

――お金の「縦回転」と「横回転」

「借金も実力のうち」という勘違い

いまの日本の中小企業にとって一番の問題は、本書の冒頭でもお話ししたとおり、借入金が多すぎることです。そのため、自己資本比率の低い会社が多い。**債務超過に陥っている会社は、まさに「酸化」が激しい状態**といえるでしょう。

さらに問題なのは、借入金による「酸化」が常態となってしまったことで、多くの経営者がそこに危機感を抱かなくなっていることです。「酸化」は「還元」に向けたプロセスにすぎないのですから、借入金の多い状態に慣れてはいけません。

昔から、「借金も実力のうち」などと嘯《うそぶ》く人はよくいました。金融機関が融資するのは相手を信用している証拠だ、たくさん借金できるのはそれに見合った力があるからだ、というわけです。

融資にそういう面があることは否定しません。たしかに、返済能力のない会社に融資する金融機関はないでしょう。

しかし、いま中小企業が抱えている借入金の多くは、決して「実力」に見合ったものとはいえません。さまざまな経済危機を受けて政府が打ち出した対策によるものです。リーマン・ショック、東日本大震災、そしてコロナ禍と、中小企業の経営を危うくする事態が続いたので、救済のための融資が次々と実施されたことは、序章でもお話ししました。

それを「これも実力のうち」などと考えるのは、勘違いもいいところです。そのような借金は、会社の実力とは何の関係もありません。

むしろ、そのような融資が結果的に中小企業の実力を削いでしまっている面もあるのではないでしょうか。国民生活を守るために必要な政策ではあったものの、中小企業側がその保護的な政策に寄りかかりすぎると、自立するための力がつきにくくなるように思えてなりません。

そもそも、たとえ「借金も実力のうち」だとしても、**お金を人から借りずに済むなら、そのほうがいい**に決まっています。

銀行の担当者が「お願いだから借りてください」と頼んでくるようなら、その会社には実力や信用があるのでしょうから、喜んでいいでしょう。でもその時点で自慢できることなのですから、いわれたとおりに借入をする必要はありません。「借金も実力のうち」とは、あくまでも「借金できる能力」が評価されているのであって、借金そのものが実力というわけではないのです。

子どもに貯蓄・投資・借入の意味を教えるには

もちろん、私はすべての借入金がダメだといいたいわけではありません。そもそも借入金は、**企業が事業を発展させるための合理的な手段のひとつ**です。

企業経営者にとっては基本的な常識だと思いますが、若年層に向けた、いわゆる「金融教育」があまり広まっていない日本社会では、この「借金の合理性」をうまく説明できない人も多いかもしれません。そこで、貯蓄、投資、借入などの意味を子どもに理解させる教え方を紹介しましょう。

たとえば子どもに、「皿洗いをしてくれたら1日100円あげるよ」といっても、それだけでは「たった100円?」などといってイヤがるかもしれません。でも、「毎日やったら1年後にいくら貯まるか計算してみたら?」といったら、どうでしょう。

100円×365日＝3万6500円は、子どもにとっては見たこともないような大金です。そうとわかったら、喜んで引き受ける子どもは多いでしょう。ここで、その子は「貯蓄」の意味を理解しました。

次に、皿洗いを始めた子に、「お父さんの肩もみをしてくれたら、もう100円あげるよ」と提案します。でも、子どもは勉強もしないといけないし、ゲームもやりたいので、両方やる時間はないとしましょう。

とはいえ、肩もみでも1年で3万6500円の貯蓄ができると思うと、断るのはもったいない。では、どうするか。

その子は、それから100日間で皿洗いのお小遣いを1万円貯めて、そのお金で食洗機を買いました。それ以降は、自分で皿洗いをしなくても、食洗機が1日100円を稼いでくれます。

すると1年後には、食洗機代の1万円を引いた2万6500円が貯まるでしょう。それに加えて、食洗機を買ってからはお父さんの肩もみもできます。そちらも265日で、2万6500円。合計で5万3000円の貯蓄額になるわけです。

　ここでその子は「投資」の意味を学びました。食洗機を買わなければ、肩もみのほうはできません。皿洗いだけだと、1年後の貯蓄額は3万6500円です。ところが、稼いだお金の中から1万円の投資をしたことで仕事を増やすことができたので、1年後の貯蓄額は大きくなりました。1万円の買い物はちょっと勇気が要りますが、それを「もったいない」と思ってやめていたら、貯蓄は増えないのです。

　しかし、もっと賢いやり方があることに気づく子もいるでしょう。100日かけて皿洗い代を貯めるのではなく、誰かから1万円を借りて食洗機を買うのです。

　すると、皿洗いも肩もみも365日フルにやれるので、合計貯蓄額は3万6500円の2倍で、7万3000円。そこから借りた1万円を返済しても、6万3000円が残ります。少し利子を取られたとしても、先に1万円を自力で貯めてから食洗機を買うより、残高は多いでしょう。

　こうして、「貯蓄」「投資」「借入」の意味がわかりました。いずれの手段も、「働いてお金を貯める」上で、じつに合理的です。ここまでの話を聞くと、「利益を増やせるなら、借入に消極的になる必要はない」と考える人も多いのではないでしょうか。

子どものお手伝い事業は「お客さん」が確定している

たしかに、設備投資の資金を借入でまかなえば、同じ金額を貯めるのにかかる時間を短縮できます。借入金とは、いわば「時間を買う」ことです。ひとつの仕事にかける時間を短縮できれば、その分、別の仕事に時間や労力をかけることで事業の幅を広げて、売上を増やすチャンスが生まれるわけです。

でも、現実の企業経営は子どものお小遣い稼ぎほど単純なものではありません。先ほどの皿洗い&肩もみ事業には、ふつうの企業が行う事業にはまずあり得ないほど有利な点がありました。それが何なのか、おわかりになるでしょうか。

子どもが皿洗いと肩もみで収入を得られるようになったのは、親御さんからその業務を提案されたからです。自分から「お手伝いするからお小遣いちょうだい」と提案したわけではありません。いわれたとおりに皿洗いと肩もみをすれば、お母さんやお父さんが約束どおりお小遣いをくれるでしょう。

つまりこの事業は、提供するサービスにお金を払ってくれる**「お客さん」が存在する**

ことが、**最初から確定**しているのです。子どもの皿洗いや肩もみが少し下手だったとしても、わが子をクビにしてよその子を雇う親はいません。つまり、競合他社もいないのです。

　そのため、先行投資や借金をしても、それが空振りに終わることはありません。本人が毎日ちゃんと働きさえすれば、間違いなく投資は回収され、借入金は返済できます。そして1年後には、計画どおりの自己資本が貯まっているわけです。

　世の中に、これほど恵まれた環境で事業を始められる会社が一体どれだけあるでしょうか？　ほとんどの会社は、自分たちの提供する商品やサービスにどれだけお客さんがつくかわからない状態で事業を始めます。どんなに立地条件に恵まれた飲食店でも、お客さんが入るかどうかは開店するまで予測できません。ひとりも来ないかもしれないのです。

　しばらく続けているうちに常連さんが増えれば、お客さんを安定的に確保できたように思えるかもしれません。しかしそれも、わが子にお小遣いをあげる親御さんほど「確実なお客さん」ではないでしょう。何かの拍子に悪評でも広まれば、常連さんたちが揃って顔を見せなくなることだってあります。

大企業の下請けも、「こういう部品をつくってくれ」と依頼される点では子どもの皿洗いや肩もみと似ていますが、発注の量は時々の諸状況によって変化するので不安定です。いつまでも同じ部品の発注が続くわけでもありません。

そもそも、ここまでは親子関係をかなり理想化してお話ししてきたものの、子どもの皿洗い代や肩もみ代が本当に親御さんから支払われるかどうかも、じつは不透明です。「そんな約束したっけ?」などとトボけるお父さんがいないともかぎりません。たとえ「お小遣いをあげ続けたい」という気持ちがあっても、病気や失業などで家計が逼迫《ひっぱく》し、それどころではなくなることだってあり得ます。

そう考えると、子どもがお小遣いを貯金するために借入をするのは、やはりそれなりのリスクがあるでしょう。誰よりも確実な親という「お客さん」がいても、そうなのです。それとは比較にならないほど厳しい環境に飛び込んでいく起業家は、借入についてよほど慎重に考えなければいけません。

不確定な未来を受け入れる「覚悟」

新しい事業を始めようとすれば、「こうしたほうが儲かるから」と借入をすすめる人も出てくるでしょう。もしかしたら、ここで私が披露した「賢い子どものお小遣い稼ぎ」の話を持ち出す人もいるかもしれません。

でも、そこで「なるほど」と安易に納得するのは危険です。

たしかに、想定どおりにお客さんが現れれば、借入は合理的な手段でしょう。ただしその合理性には、**「自社の商品やサービスが売れる」という不確定な前提条件**があることを忘れてはいけません。

起業する人は、それが「売れる」と信じているからこそ会社設立を決断します。ですから、お客さんの存在を前提にしたくなるのは当然といえば当然でしょう。

しかし、そこには誰にも予測できない不確定性があります。借入は合理的な経営手段ではありますが、そのメリットを享受するには、**「商売がうまくいくかどうかはわからない」という不確定性を受け入れるだけの強い「覚悟」**が求められるのです。

ところが実際には、多くの経営者が、そういう覚悟がないまま借入金を増やしています。私自身、借りるべき状態ではないのに借りてしまうクライアントをこれまで何人も見てきました。

よくあるのは、金融機関からの提案に乗ってしまうパターンです。

「いまの御社なら、これだけご融資できますよ」――銀行の担当者からそんなふうにいわれると、やはり「借金も実力のうち」と思ってしまうのでしょう。私が「借りちゃダメですよ」とアドバイスしても、「でも銀行が借りろといってくれたから」などといって、首を縦に振りません。そして翌月の巡回監査に行ってみると、借入金の分だけ預金残高が増えているのです。

いつも監査をしている私から見れば、そんな借入金はまったく必要ありません。他人資本が増えて自己資本比率が下がり、B／Sの「型」が乱れるので、むしろないほうがよいくらいです。

経営者としては、見た目の預金残高が少しでも多いほうが安心できるのだろうとは思います。しかし、それはあくまでも**「他人資本」で水増しされた見かけの残高**にすぎません。いずれ返済しなければいけないお金ですから、いざというとき役に立つフリーキャッシュとしての自己資本とはまったく違います。

ところが、たとえ見かけの残高であっても、手元にお金があると使ってしまうのが人間の悲しさ。なにしろ借金をしているのですから、本当なら返済のために倹約すべきなのに、つい気持ちが緩んで、逆に無駄遣いをしてしまう傾向があります。

こうなると、お金を借りることに対する「覚悟」も何もありません。借入には強い覚悟が必要ですが、その覚悟はきわめて揺らぎやすいのです。

無理なチャレンジよりB／Sの「型」を守ることを優先

そういう人間の弱さを補ってくれるのが、これまでお話ししてきた「型」にほかなりません。しっかりとした覚悟を持つのが難しいからこそ、先にB／Sの「型」を決めておくことに意味があるのです。**自己資本比率50％以上、借入金限度割合25％という「型」を守る**ことを自分自身に課せば、金融機関からの甘い誘いにも気持ちが揺らぎにくくなるのではないでしょうか。

企業には、新しい事業にチャレンジするために設備投資が必要になることがあります。

そのための資金がなければ、借りるしかないでしょう。

そこでB／Sの「型」にこだわって借入を避ければ、新規事業へのチャレンジを断念せざるを得ません。これは、企業として消極的すぎるのではないか――そんなふうに感じる人もいるだろうと思います。

でも、体力のある大企業ならともかく、中小企業の場合、たとえ少し消極的であろうとも、B／Sの「型」を崩すことを私はおすすめしません。「型」が崩れるような借金をして設備投資をすると、会社全体のバランスもおかしくなります。無理をして背伸びをしているようなものだといえるかもしれません。その結果、新規事業へのチャレンジもうまくいかないことがほとんどなのです。

大企業にとっては「積極的なチャレンジ」でも、中小企業がそれと同じことをすると「無謀な賭け」になりかねません。無理をすれば、あちこちに悪影響が出ます。もともと体力のない組織では、それが致命傷になってしまうこともあるでしょう。

ですから、投資のための資金を借り入れるなら、その**返済に見合うだけの売上が確実に得られるといえる根拠**が必要です。

さらに、どんな根拠があろうと「絶対に大丈夫」ということはあり得ないので、失敗したときに借入金を返済する手立ても考えておくべきでしょう。それが、借入に求められる「覚悟」にほかなりません。

そこまでの覚悟ができないならば、借入によって「時間を買う」ことは諦める。いまの事業でしっかりと利益を出し続け、それによって積み上げた自己資本から設備投資ができるようになるまで、新しいチャレンジを待てばよいのです。

資金の「縦回転」と「横回転」の違い

ここで、自己資本による投資と借入金による投資の違いが、B/S上でどう表現されるかを見てみましょう。注目してほしいのは、**お金が「回転」する方向**です。

まず、80の自己資本をすべて現預金で持っている会社が、20の棚卸商品を現金で買ったとしましょう（図5－1）。現預金はいったん60に減って、前章でお話しした「酸化」が起こります。そして棚卸商品が売れれば、再び現金化して「還元」される。現預金はまた80になるわけです（ここでは話を単純化していますが、実際は利益が上乗せさ

図5-1　自己資本で商品を購入したときの「酸化」

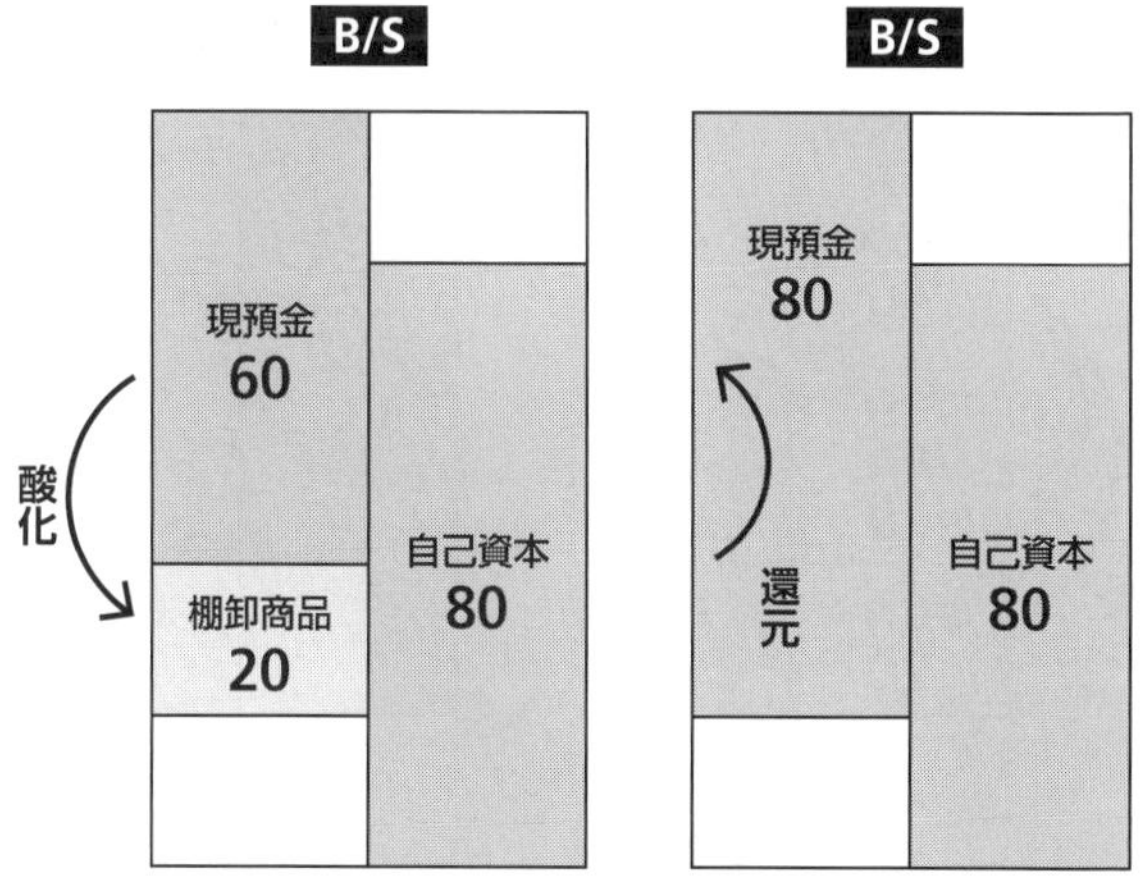

れるでしょう）。

現預金で棚卸商品を20、固定資産（たとえば投資有価証券）を20買った場合も同様にいったん「酸化」しますが、最終的には棚卸商品は売れることで、固定資産は売却により、現金に「還元」されて、現預金が80に戻ります（これも実際は利益が上乗せされるでしょう）（図5－2）。

このように、**自己資本に裏づけられたお金は、B／Sの左側で「縦」に回転する**のが大きな特徴です。自前の現金で固定資産を購入するときの資金の回転は、「縦回転」なのです。とりあえず、いまはそのことだけ頭に入れておいてくださ

図5-2　自己資本で商品を購入したときの「還元」

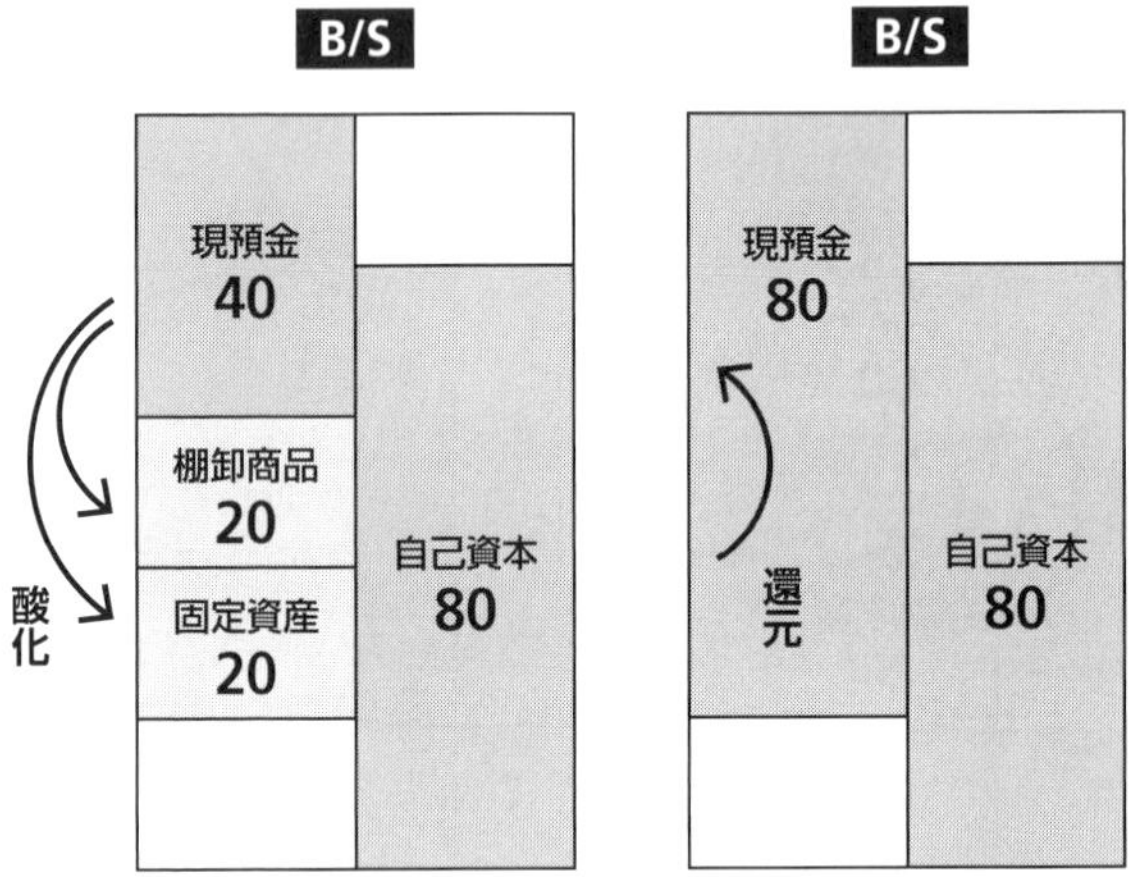

い。

次に、自己資本と現預金がいずれも20しかない会社が、60の固定資産を買うケースを見てください（148－149ページ図5－3）。

現預金が足りないので、まず60の借入を行いました。この時点で、それまで現預金20（左側）と自己資本20（右側）だけだったB／Sは、現預金80（左側）、借入金＋自己資本＝80（右側）と大きく膨らみます。

その借入金で固定資産を購入すると、左側が現預金20＋固定資産60となりました。ここから減価償却で資金を回収して、

1年に10ずつ借入金を返済していきます。

その帳簿上の意味を説明しておきましょう。

減価償却費は資金の流出を伴わない経費なので、手元の現預金は減りません。本書ではこれを資金の回収ととらえます。減価償却費で資金を回収できるのは、黒字経営の場合です。固定資産を購入すると、P／Lに減価償却費が計上されます。ここでは、1年に10の減価償却費が経費になるとしました。

この減価償却費の分、持っている固定資産の資産価値は減ります（左側）。その減った分は経費となって資金の流出をとどめ、その分の現預金が借入金の返済に回るので、左側の固定資産の資産価値と右側の借入金が、どちらも毎年10ずつ減っていくわけです（単純化して返済期間と耐用年数を一致させています）。

先ほどのケースとは違って、お金の流れは左から右。つまり「横」に回転するのが特徴です。**借入金で固定資産を購入するときの資金の回転は、「横回転」**なのです。この場合、借金のマイナスが減っていくだけなので「還元」は起きません。

また、減価償却と借入金の返済に伴って、いったん膨らんだB／S全体のサイズも毎

⑥

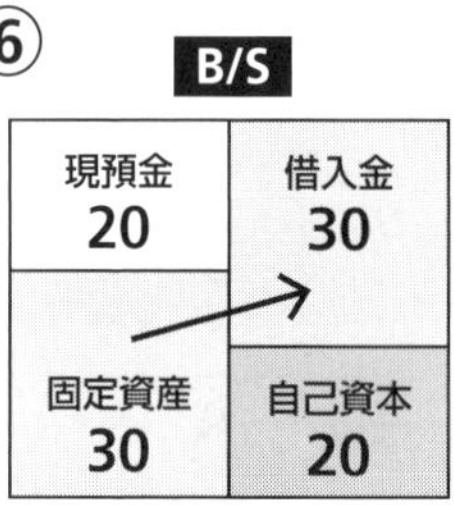

※横回転

⑦

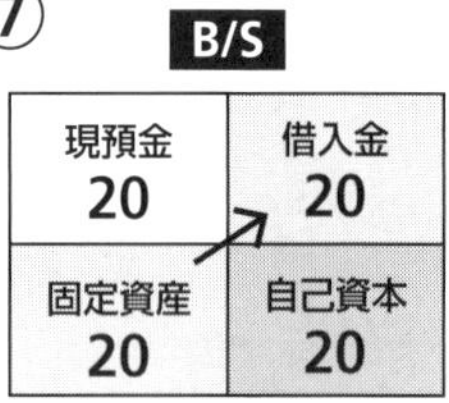

※横回転

⑧

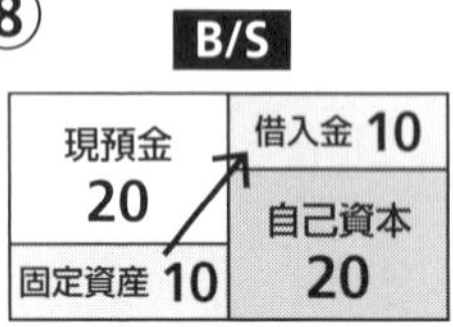

※横回転

⑨

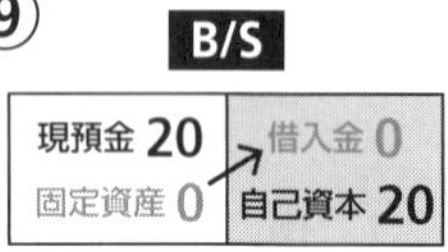

⑩

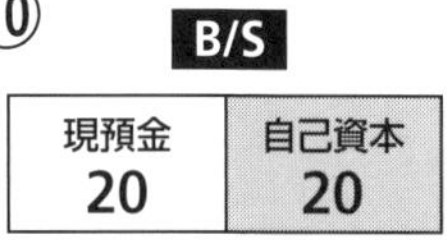

図5-3　借入金で固定資産を購入する場合

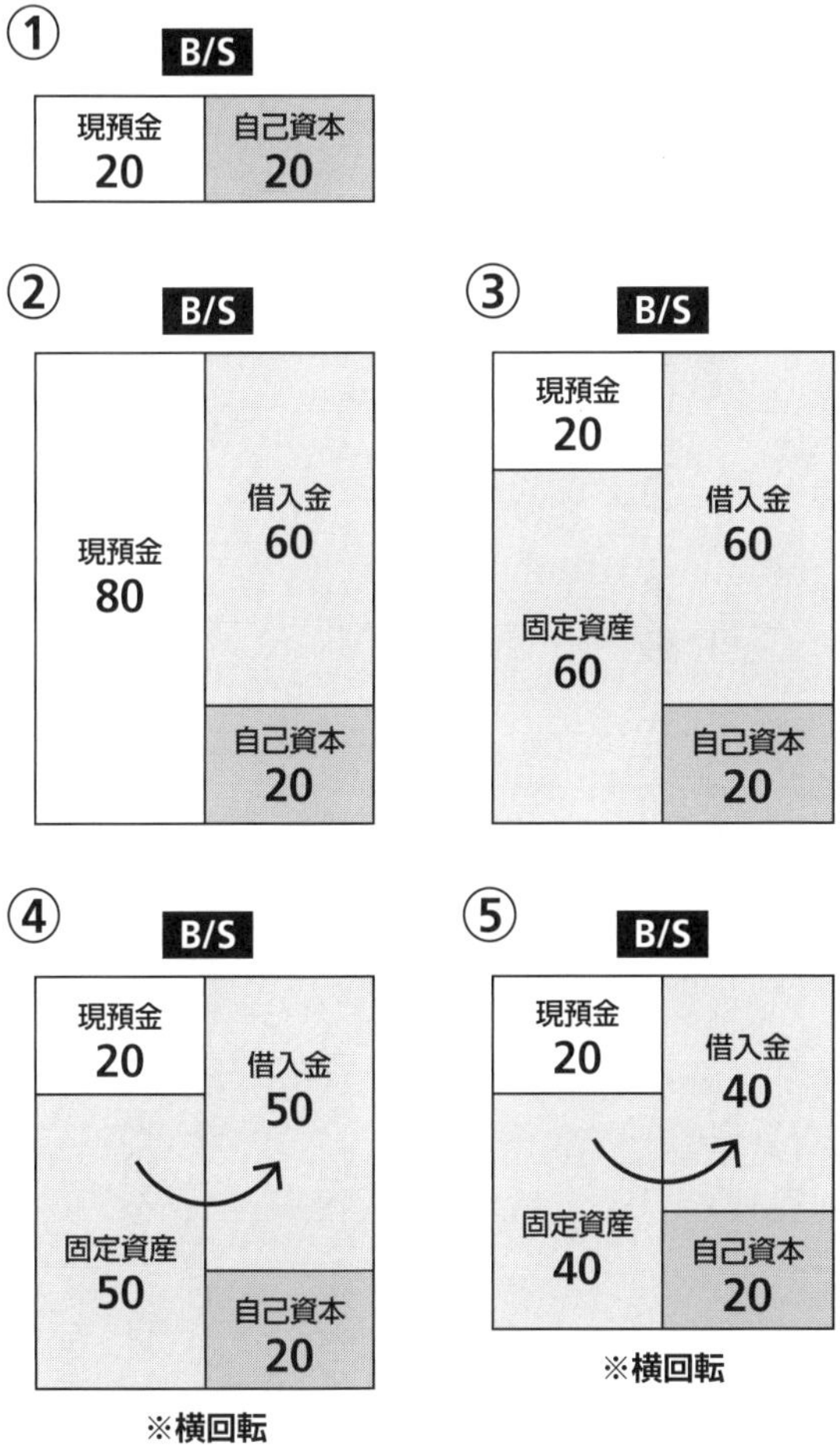

年10ずつ小さくなっていきます。

先ほどの「縦回転」では、最初から最後までB／Sのサイズは変わりませんでした。ところが「横回転」のほうは、借入金の返済が終わった時点で、現預金20、自己資本20という借入前の財務状態に戻ります。分厚い自己資本を維持し続ける「縦回転」の会社に、少しも近づけません。

借入金をしっかり返済したという意味では、「横回転」の会社も信頼と実績を積むことはできました。しかし「還元」が起きていないので、実質的な体力はついていないといっていいでしょう。自己資本で投資する「縦回転」のほうが、「酸化還元反応」によって会社にエネルギーを与えるのです。

借金企業が無借金企業になることの厳しさを知る

次に、事業に必要な機械を１００％自己資本で購入した場合のお金の流れを見てみましょう（図５－４）。こんどは、自己資本と機械の関係だけに着目します。

まず、50の自己資本を投じて50の機械を買いました。これを5年かけて減価償却して

図5-4　100％自己資本で機械を購入する場合

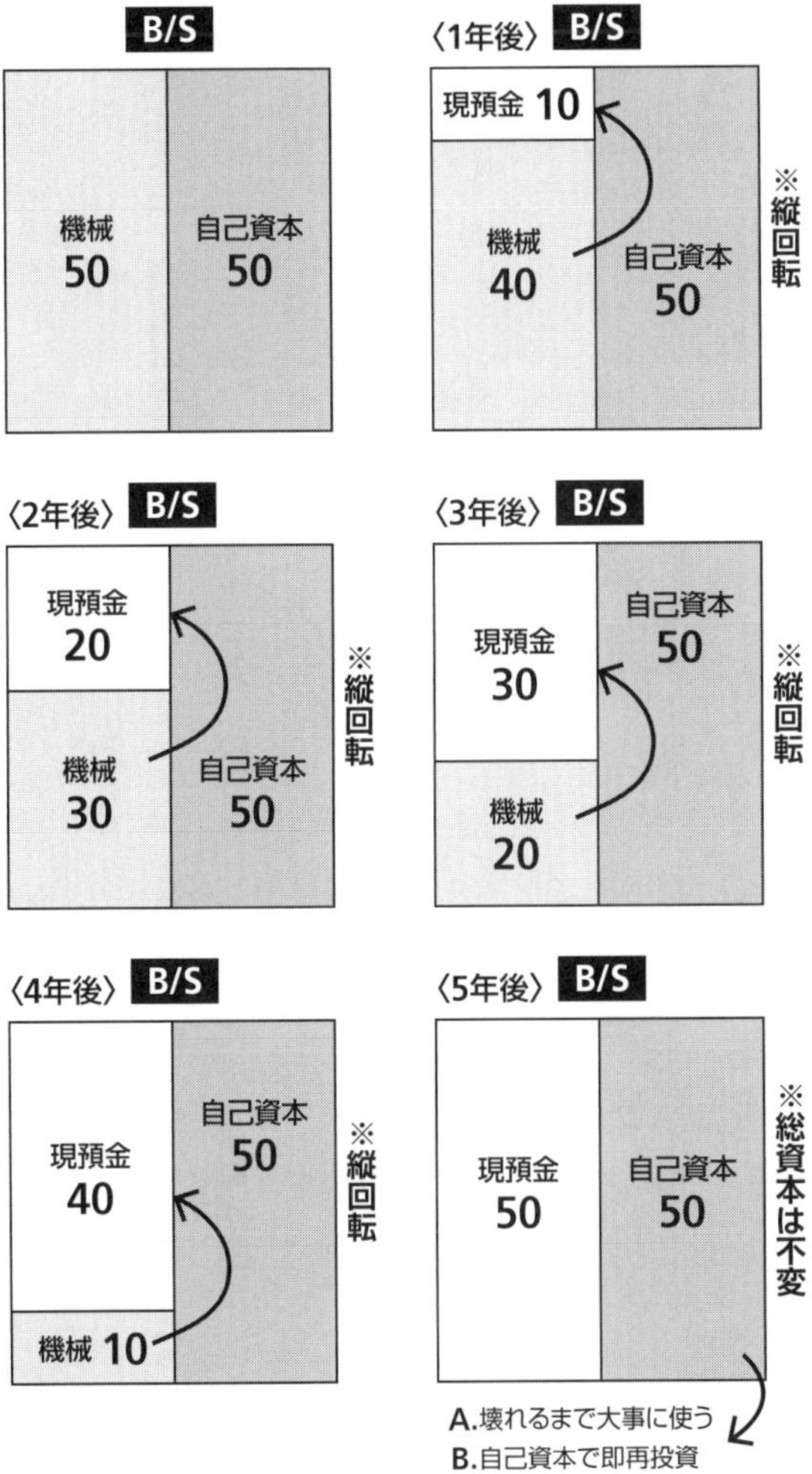

いくと、減価償却分が現金として「縦回転」で戻るので、1年に10ずつ機械の資産価値が減り、現預金が増えていきます。

その結果、5年後には現預金50、自己資本50となり、総資本は変わっていません。ただし、帳簿上では機械の資産価値がゼロになっていますが、減価償却が終わっても機械はそのまま使えます。壊れるまで大事に使い続ければ、まだ何年も利益を生んでくれるでしょう。

もちろん、すべて現預金の状態に戻ったら自己資本で再投資をして、新しい機械を買うこともできます。古い機械と新しい機械の両方で利益を増やすことも可能です。

ちなみに、このような無借金企業は、利益がなくても経営を持続するだけの「型」を持つことができます。それがどういうことなのか、無借金企業のP／LとB／Sを並べた図で見てみましょう（図5－5）。

B／Sを見ると、この会社は自己資本が100で、それはすべて現預金です。P／Lを見ると、今期の売上高は100でした。そのうち原価が40、経費が60かかっているので、利益は出ていません。当期利益がゼロですから、法人税もゼロ。これを毎年くり返

図5-5　無借金企業のP/LとB/S

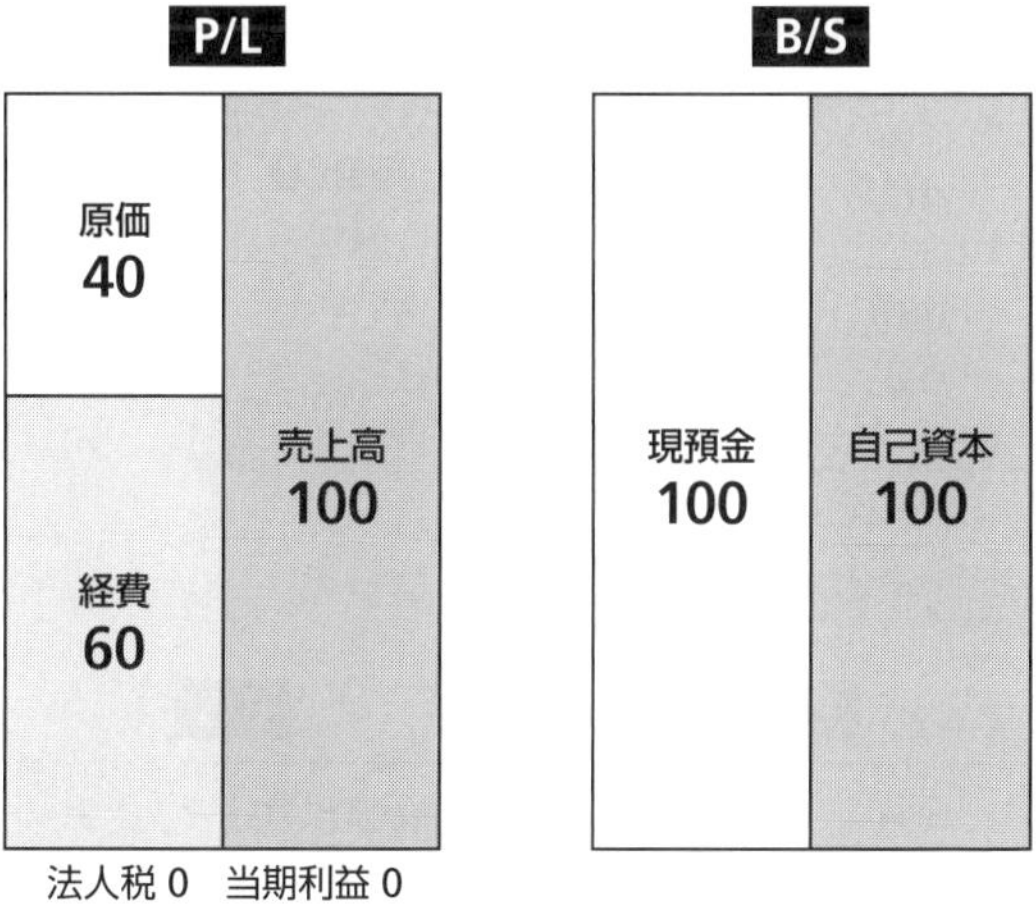

していくかぎり、**利益ゼロでも会社は回っていきます。**

もし自己資本が１００より少なかったら、原価や経費を借入金でまかなわなければいけないでしょう。そうなると、返済のために利益を出さなければいけません。利益が出れば、法人税も発生します。

では、借入金が１００の借金企業が自己資本１００の無借金企業に追いつくにはどうすればよいのか、やはりＰ／ＬとＢ／Ｓを並べて考えてみましょう（１５４－１５７ページ図５－６）。

たとえば、自己資本ゼロでスタートした借金企業が、５年で借入金を返済し、

無借金企業に追いつくまでのP/LとB/S（10年コース）

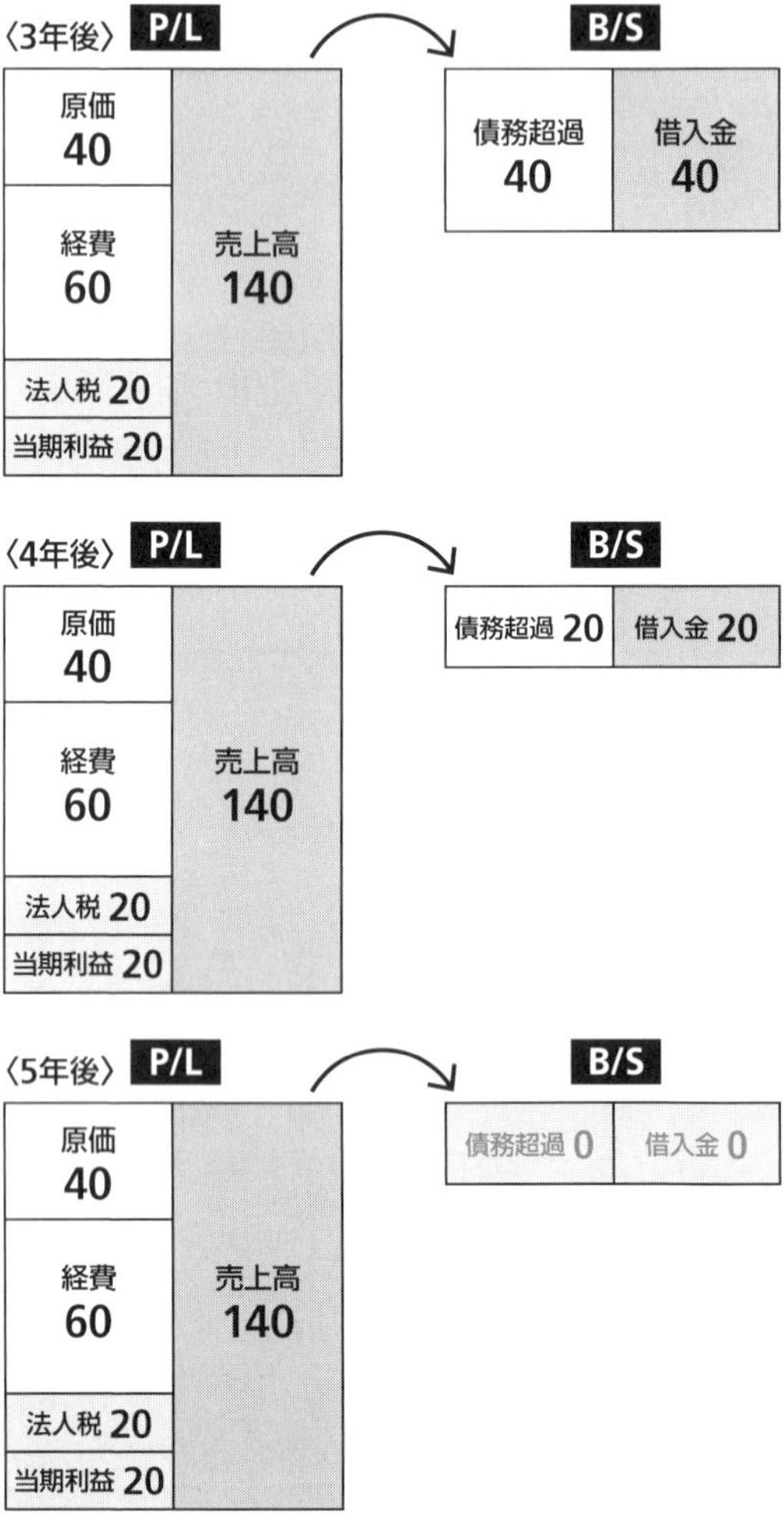

図5-6　借入金が100の借金企業が自己資本100の

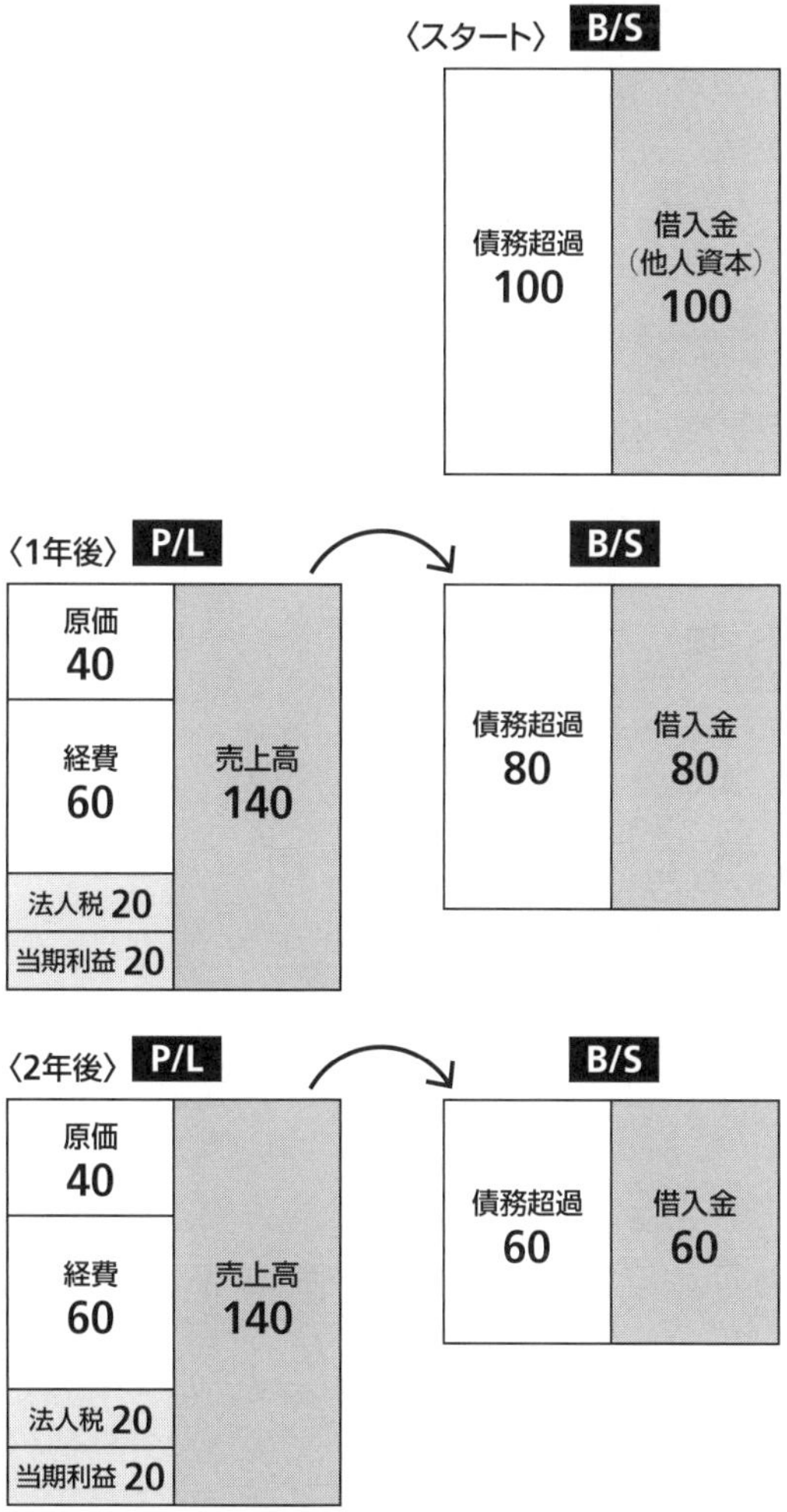

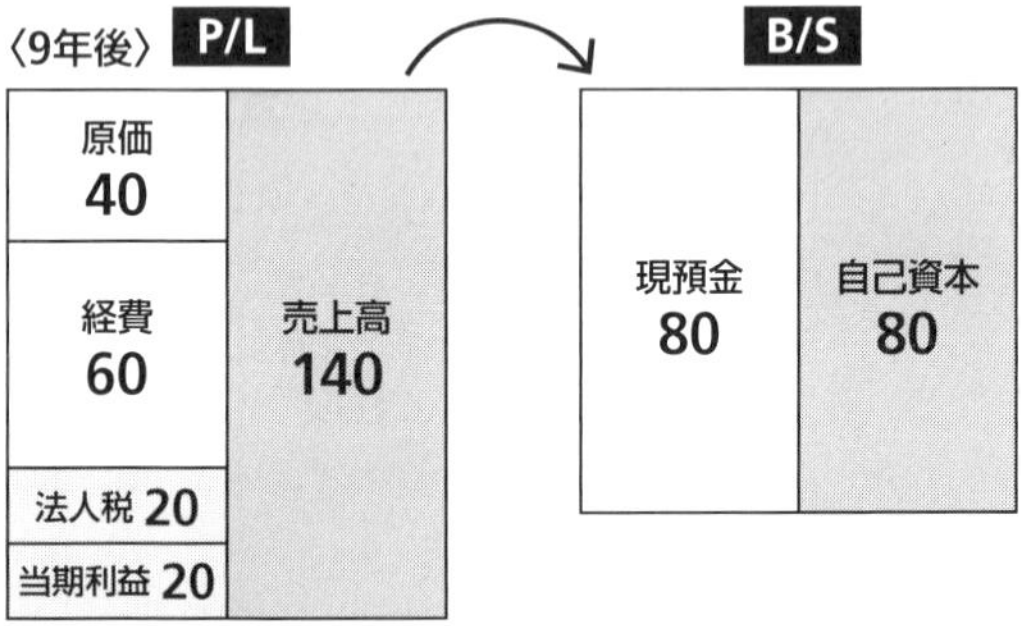
〈9年後〉
P/L
原価
40
経費
60
法人税 20
当期利益 20
売上高
140
B/S
現預金
80
自己資本
80

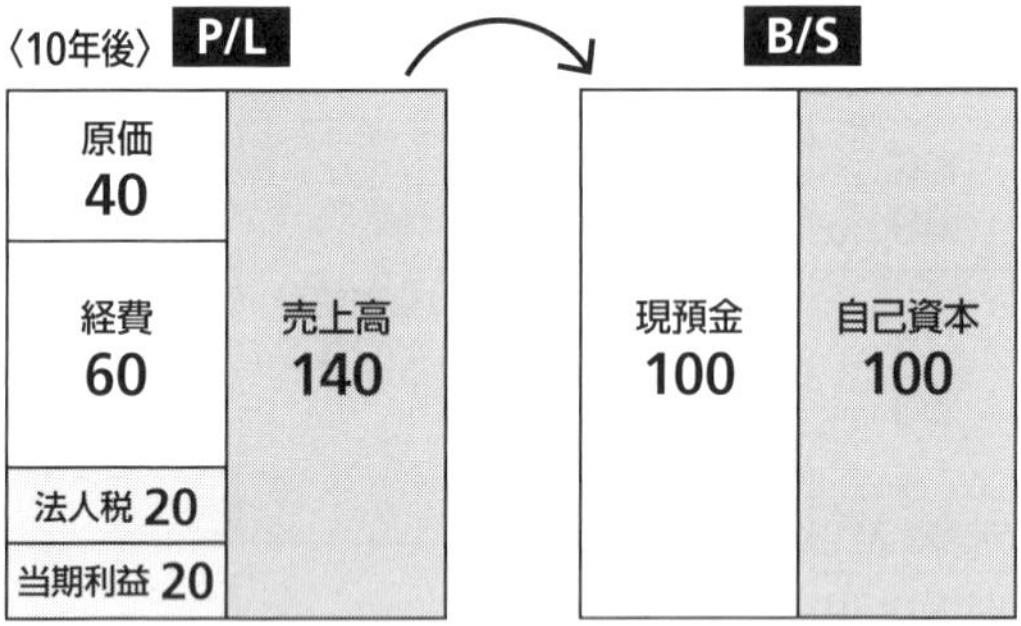
〈10年後〉
P/L
原価
40
経費
60
法人税 20
当期利益 20
売上高
140
B/S
現預金
100
自己資本
100

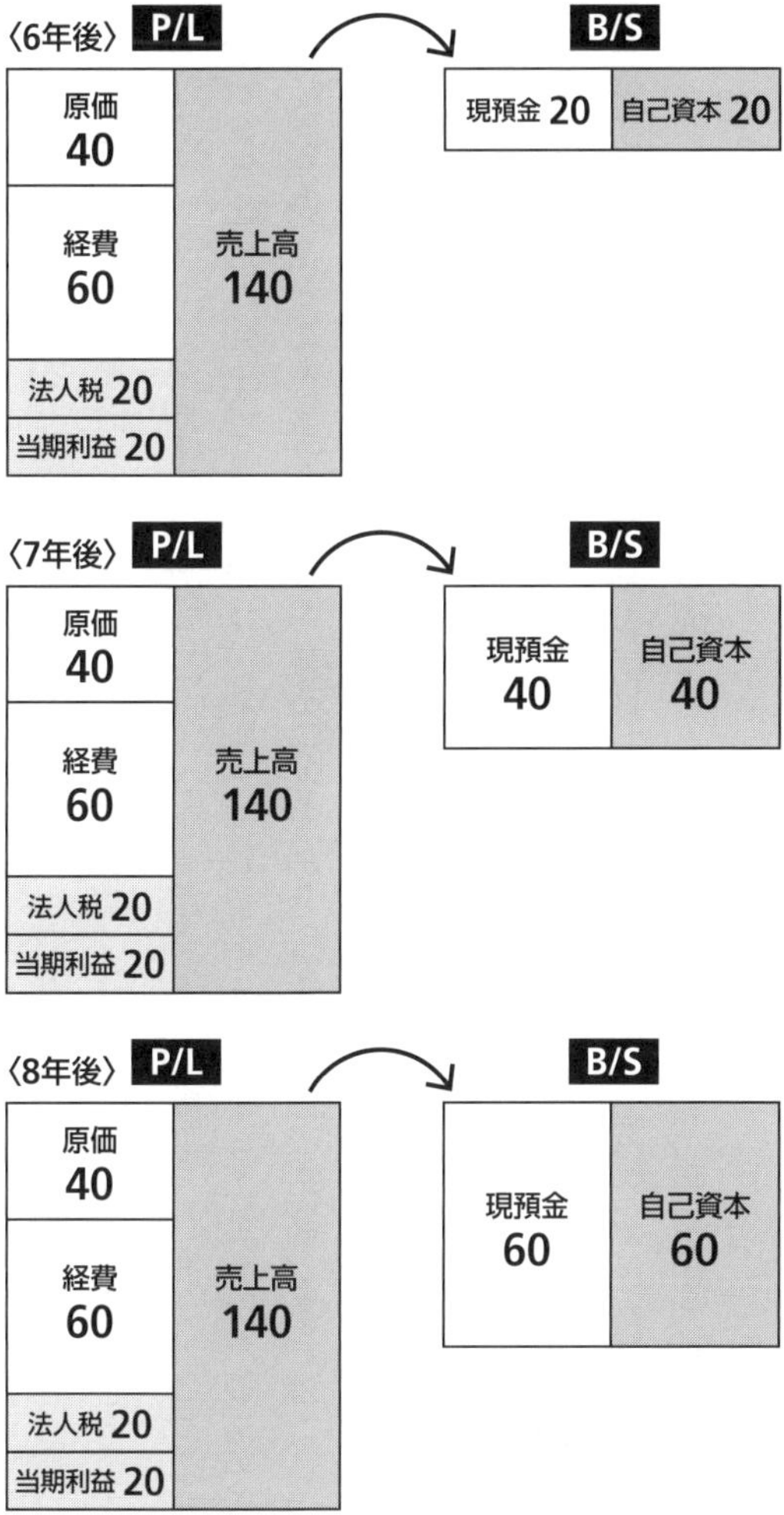

〈6年後〉
P/L
原価
40
経費
60
法人税 20
当期利益 20
売上高
140
B/S
現預金 20
自己資本 20
〈7年後〉
P/L
原価
40
経費
60
法人税 20
当期利益 20
売上高
140
B/S
現預金
40
自己資本
40
〈8年後〉
P/L
原価
40
経費
60
法人税 20
当期利益 20
売上高
140
B/S
現預金
60
自己資本
60

さらに5年かけて自己資本1００の無借金企業になることを目指すとします。そのためには最初の5年は毎年20を返済にあて、6年目からは毎年20を内部留保に回さなければなりません。先ほどの無借金企業と同じく、原価に40、経費に60かかるとすると、いくらの売上高が必要になるでしょうか（ここでは運転資金の返済の例で説明します）。

無借金企業と同じ売上高1００では、原価と経費で消えてしまうので、20を返済や内部留保に回す余裕がありません。ならばその20を加えて1２０の売上高があればいいと思うかもしれませんが、利益には法人税がかかります。法人税率を簡便的に50％とすると、20を当期利益として返済や内部留保に回すためには40の税引前利益が必要です。

これは現実にはかなり過酷なことです。

この借金企業が自己資本1００の無借金企業と同じ業界で競合関係にあるとしましょう。そうすると、借金企業は、計算上、同じ価値の商品やサービスをライバルの1・4倍の売り値でライバルと同じ数だけ売ることができれば、毎年40の税引前利益を出せますが、実際にはまず無理な話です。

ライバルと同じ価格で勝負するなら、計算上、ライバルが1０００個売るのに対して、借金企業は1667個売らないと、必要な利益を出すことができません。このような**厳しい競争を10年続けて、やっと自己資本100の無借金企業に追いつけるのです。**

スタートアップは借金返済をゴールにしてはいけない

そんなことは無理だとなると、「もう少しペースを落とそう」という話になるかもしれません。借入金の返済や内部留保に回す当期利益を半分の10にするとしましょう。

その場合は、計算上、1・2倍の値段で売るか、1333個売ればいいので、ライバルの商品にはない付加価値を生み出したり、販売力を強化したりすれば、何とか勝負になる可能性はあるでしょう。

しかし、かかる時間は2倍です。

10年かけて無借金企業になり、さらに10年かけてライバル企業に追いついた社長は、そのとき何歳になっているでしょうか。20代で始めた経営者なら、20年かけてもまだ40代ですから、そこから無借金の強い会社を育てていけるかもしれません。

でも、すでに30代、40代の経営者は、そこに20年もかけるのは辛いと思います。せいぜい5～6年で追いつかなければ、次のステージで大きな花を咲かせるのは難しいでしょう。

これから独立してスタートアップ企業を立ち上げようという若い人たちは、たいがい十分な自己資本を持っていません。借入金という他人資本から始めるしかないでしょう。いまの社会はスタートアップに対する理解があるので、将来性のある事業ならばお金を貸してくれる人はいくらでもいます。

ただし、その**借入金を返済することがゴールになってはいけません**。返済できるだけのお金を稼ぐだけでも大変ですから、そこに達成感を見出してしまうのも無理はない面もありますが、借りたお金を返すだけでは「横回転」が続くだけです。

お金の流れを「縦回転」にして、安定感のある経営を長く続けるためには、やはり**無借金企業を目指して自己資本を厚くしていく**必要があります。先ほどの例は単純なモデルに基づく数字なので、おおざっぱなイメージにすぎませんが、競争相手よりもはるかに多くの売上高を得るようにがんばって働かなければ、「横回転」を「縦回転」にすることはできません。くり返しになりますが、そういう**「覚悟」がなければ、資金の借入**

をすべきではないのです。

スタートアップ企業の経営者には、世の中に対して大きな勝負を挑むような気持ちがあることでしょう。でも、経営者としての本当の勝負は、自己資本だけで「縦回転」させられるだけの体力をつけてからです。そういう力をつけるまでが「スタートアップ」と呼ばれる段階といえるかもしれません。

「美しいB／S」は外からは見えにくい

スタートアップの時期を乗り越えて、「縦回転」できるB／Sの「型」を整えれば、そこに「横回転」を加味することで、事業を大きく展開することもできるようになります。分厚い自己資本があれば金融機関からの信用も厚くなり、手元の現金を使うことなく、借入金で機械を購入することもできるでしょう（162－163ページ図5－7）。

50の自己資本を担保に50の融資を受け、その借入金で50の機械を買うと、B／Sは図のようになります。ここから「横回転」で1年に10ずつ減価償却による資金回収で借入金を返済していくと、5年後にはB／Sが自己資本50、現預金50の形に戻っているでし

機械を購入する場合

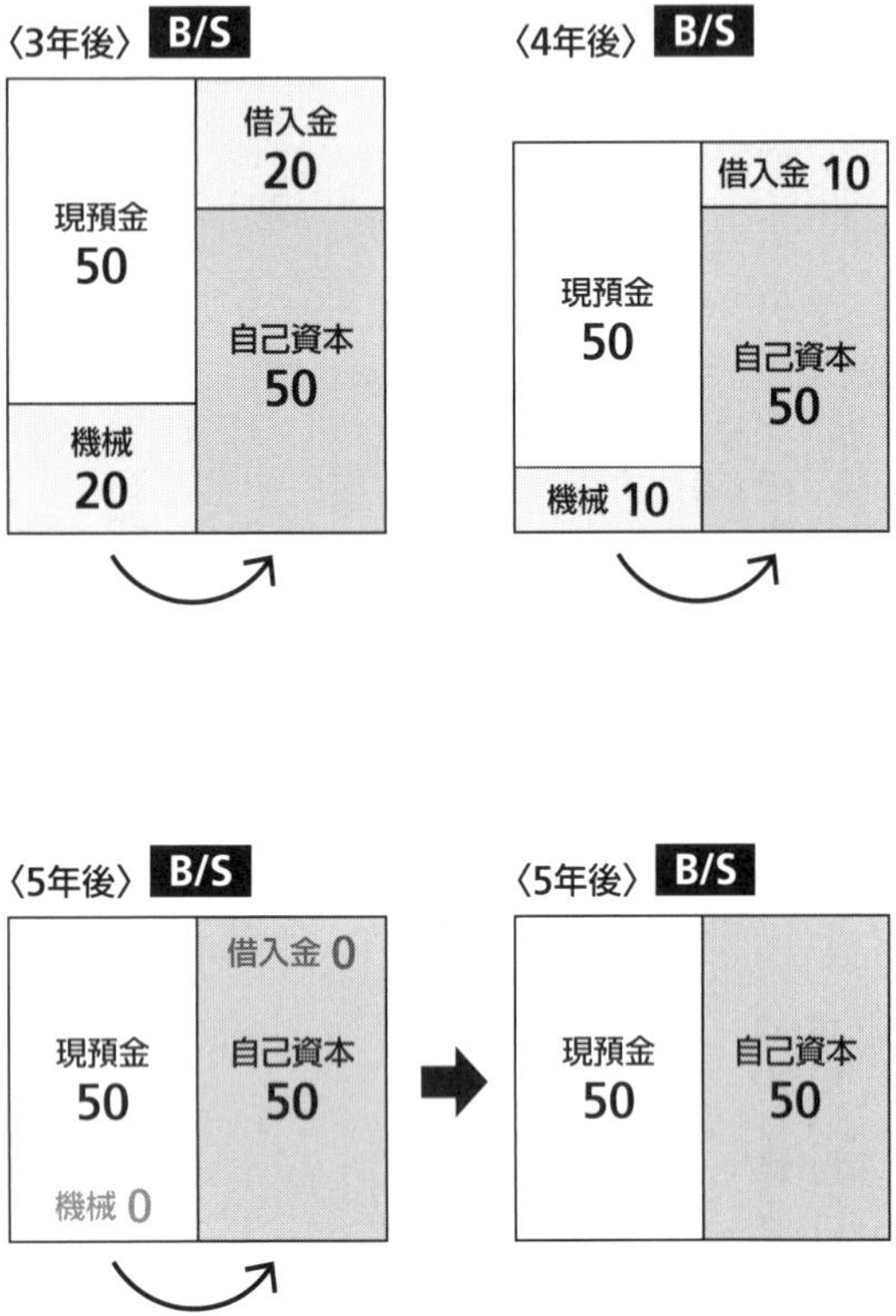
〈3年後〉 B/S
現預金 50
機械 20
借入金 20
自己資本 50
〈4年後〉 B/S
現預金 50
機械 10
借入金 10
自己資本 50
〈5年後〉 B/S
現預金 50
機械 0
借入金 0
自己資本 50
〈5年後〉 B/S
現預金 50
自己資本 50

図5-7　無借金企業が自己資本を担保に融資を受け、

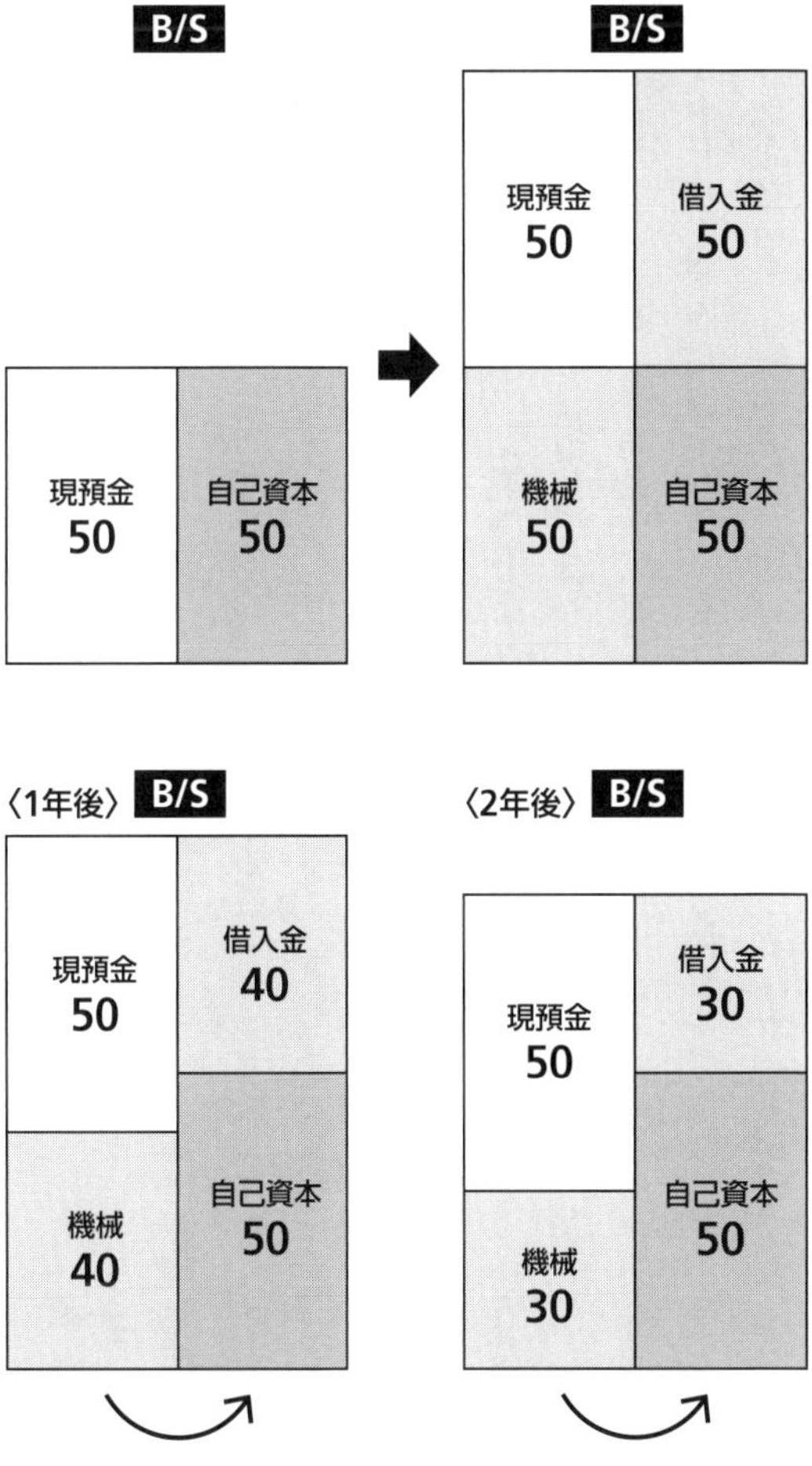

ょう。総資本はいったん膨らんで少しずつ小さくなっていきますが、現預金と自己資本は変わりません。

いまのは単純化したモデルですが、実際には購入した機械のおかげで生産性が上がり、利益が出るので、自己資本はますます分厚くなっていきます。さらに減価償却を終えた機械を壊れるまで大事に使っていけば、ますます収益は増えていくでしょう。

ここまで分厚い自己資本を持っていると、そこから先の借入にはそれほど強い「覚悟」は要りません。返済へのプレッシャーをあまり感じることなく、積極的な経営戦略として借入金を活用できるようになるのです。

これからスタートアップに挑戦しようとする若いみなさんには、こういう堂々たる会社をつくり上げることを目指してほしいと思います。

起業すると、いまヒット商品を出して大きな利益を上げている先輩企業が光り輝いて見えるかもしれません。自分も早くそうなりたい、と憧れるでしょう。

でも、他企業の「いまの売上」だけに注目していると「P／L経営」になってしまいます。輝いて見える企業のB／Sがどのような状態になっているか、外からは見えません。儲かっていても自己資本比率が極端に低いかもしれません。もしかしたら債務超過で、お金がひたすら「横回転」している可能性もあるでしょう。そうだとしたら、長い目で見たときにその会社が成功するかどうかはわかりません。

一方、「美しいB／S」に支えられた**優良企業の安定感は、外からは見えにくい**ものです。なにしろ利益が出なくてもしっかり経営が維持されているのですから、一見すると、地味でサエない会社のように感じられるかもしれません。でもその根っこには、ちょっとやそっとの環境変化では少しも揺るがない分厚い自己資本があるのです。

そんな「B／S経営」の考え方を知っていれば、スタートアップで頼らざるを得ない借入金に対する強い覚悟を持つこともできるでしょう。

いまのスタートアップ企業の多くはSDGsなどへの意識が高く、事業を通した「社会課題の解決」を志す起業家が多いと思います。それは大変素晴らしいことですが、社会のサステナビリティを高めようと思うなら、まずは**自分の会社をサステナブルなものにしなければ**、世の中への貢献を果たすこともできません。

そして、「覚悟」のない安易な借入金に依存する会社は、自分自身が世間様に負担をかける「社会課題」になってしまいます。最初は資金の「横回転」からスタートしても、それをなるべく早い段階で「縦回転」に転換し、自力でしっかりと立てるだけの体力をつけることが、社会課題の解決に向かうための第一歩なのです。

第6章

中小企業の果たすべき社会的責任とは

すべての経営者が「CSR」と無縁ではいられない時代

前章の終わりに、スタートアップ企業の多くは「社会課題」に対する意識が高い、ということお話をしました。ビジネスを通じて社会課題の解決に取り組む人を指す「社会起業家」という言葉も、よく見聞きします。かつてはNPOやボランティアといった形で社会課題の解決に関わる人が多かったと思いますが、いまはその役割を営利企業として担おうとする流れが強まっているのでしょう。

その背景には、いわゆる「**CSR（企業の社会的責任）**」の考え方があります。企業は利益追求だけではなく、従業員や地域社会などに対する責任も果たすべきだ――このような考え方は、1950年代に米国で生まれたそうです。1970年代には、地球環境問題への対応もCSRのひとつと見なされるようになりました。

日本でも、1956年に経済同友会が「経営者の社会的責任の自覚と実践」という決議を行うなど、早くからこの概念は認識されていたようです。しかし、多くの人々が広くその重要性を意識し、企業の社会的責任を強く求めるようになったのは、「CSR」

という表記が定着した2000年頃からでしょう。

それ以降、「CSR」と名のつく部署を設ける企業が増え、「企業の果たすべき社会的責任とは何か」という議論も深まりました。いわゆる「社会起業家」は、そんな流れに沿う形で登場したのだろうと思います。

ともあれ、企業経営を通じて社会課題への貢献が求められるのは社会起業家だけではありません。大企業から中小企業にいたるまで、いまや**すべての経営者がCSRと無縁ではいられない**といっていいでしょう。

では、いまの企業に課せられるCSRとはどういうものなのか。

ここで勘違いしてはいけないのは、「CSR」と「ESG」は必ずしも同じものではないということです。

ESGは、環境（Environment）、社会（Social）、企業統治（Governance）の頭文字を取ったもの。気候変動問題や人権問題などの世界的な課題を解決し、サステナブルな社会を築くために、企業にはこの3つの観点での配慮が求められるようになりました。

ESGに配慮しないと企業価値が低く見積もられ、投資家などからの評価が高まりません。

これがCSRの一部であることはたしかでしょう。気候変動問題や人権問題に配慮する企業は、間違いなく社会的責任を果たしています。しかし、CSRはそれだけではありません。もっと広い概念です。

4段階のCSRピラミッド

米国でCSR研究の第一人者とされるアーチー・B・キャロル教授（ジョージア大学経営大学院）は、1991年の論文で、CSRの概念をピラミッド型の4つの段階に分けて整理しました。下から順に、**「経済的責任」「法的責任」「倫理的責任」「フィランソロピー（慈善）的責任」**です。

（1）経済的責任

企業にとってもっとも基本的な役割は、社会で暮らす人々が必要とする商品やサービスを提供することです。その活動を続けるには、生産性を高めて継続的に利益を出し、競争の中で生き残らなければいけません。要するに「稼ぐ力」を保ち続けるのが、企業にとって第一の責任です。まずはこの「経済的責任」を果たさなければ、ＣＳＲピラミッドの上のほうに進むことができません。利益追求という、企業として当たり前のことがうまくできなければ、ＣＳＲを語る資格がないともいえるでしょう。

（2）法的責任

これも、あらためていう必要がないくらい当たり前のことですが、どんなに経済的責任をしっかり果たしていても、その企業活動が法律をはじめとする社会のルールから外れていたのでは、社会的責任を果たしているとはいえません。経営者自身や会社組織が法律を遵守することはもちろん、社会に提供する商品やサービスそのものにも遵法性が求められます。ピラミッドの２段目に置かれていますが、１段目の経済的責任と同じレベルの基本的な責任と考えるべきでしょう。

（3）倫理的責任

私たちの社会には、法律では規定されていないけれど、モラルの面で許されない行動や慣習などがあります。それを守らない企業は、法的責任を問われて罰を受けることこそないものの、世間から信用されません。消費者からはそっぽを向かれるでしょうし、投資家や金融機関からも低い評価しか受けないでしょう。

逆に、法律で決められたこと以上に高い倫理観をもって行動する会社は、世の中から高く評価され、業績も上がるでしょう。法律を守るのは当たり前のことなので、それだけで「あそこは良い会社だ」とはいわれません。だから、この「倫理的責任」は「法的責任」よりも上の段にあるわけです。

（4）フィランソロピー（慈善）的責任

これは、まさにＥＳＧへの配慮を含む「社会貢献」のことです。社会福祉や地域の活性化などの慈善活動を積極的に行ったり、環境問題や人権問題などの社会課題の解決に取り組んだりするのは、企業にとってもっともレベルの高い責任といえるでしょう。

「守るCSR」と「伸ばすCSR」

以上がCSRピラミッドの基本的な構造ですが、近年はこれをもう少し細かく分けたバージョンが広く受け入れられています（次ページ図6－1）。

小樽商科大学の泉貴嗣《よしつぐ》准教授のバージョンは全体を大きく3つの階層（Tier 1～3）に分け、下の2段をそれぞれaとbの2つに区切っています。

最下段は、「**法的責任の遂行**」（1－a）と「**経済的責任の遂行**」（1－b）。先ほど説明したとおり、この2つは同じレベルの責任なので、こうして並列にしたほうが正しく表現できるといえるでしょう。

真ん中の段は、先ほどの（3）「倫理的責任」を2つに分けました。「**倫理的行動による価値向上**」（2－a）と「**倫理的行動によるリスク低減**」（2－b）です。

先ほどの（3）「倫理的責任」にも、プラスとマイナスの2つの側面がありました。モラルに反する行動によって世間の評価がマイナスになることもあれば、高い倫理観を示すことによって評価がプラスになることもあります。前者を避けるのが「リスク低

図6-1 「守るCSR」と「伸ばすCSR」

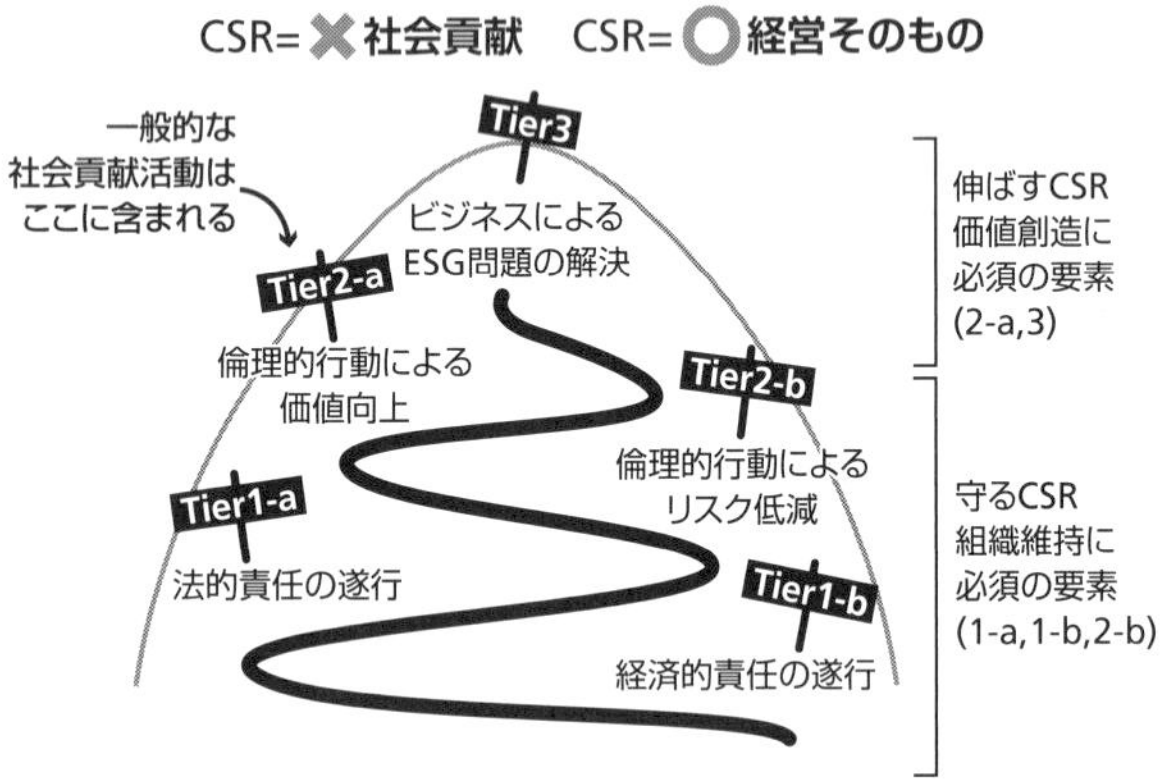

出典:A.B.Carroll、A.K.Buchholtz『Business&Society Ethics and Stakeholder Management』(6th)の“Pyramid of Corporate Social Responsibility(CSR)”を元に再構築
©Yoshitsugu Izumi

減」、後者を目指すのが「価値向上」ということになるでしょう。

そしてピラミッドの頂点は「**ビジネスによるESG問題の解決**」です。先ほどの（4）「フィランソロピー（慈善）的責任」よりも明確に社会課題の解決につながる行動を求めるものといえるかもしれません。福祉活動への寄附やボランティア、環境保全への取り組みなどは、「社会課題の解決」というより、2－aの「倫理的行動による価値向上」に含まれるのだろうと思います。

このように、CSRをより高いレベルに引き上げていく道筋には、企業がクリアすべき5つのチェックポイントがあると考えられるようになりました。

さらに、この5つを2つに分ける考え方も広まっています。前半の3つ（経済的責任の遂行、法的責任の遂行、倫理的行動によるリスク低減）を「**守るCSR**」、後半の2つ（倫理的行動による価値向上、ビジネスによるESG問題の解決）を「**伸ばすCSR**」と呼んで区別するのです。

「守るCSR」は会計力で磨かれる

まだあまり体力のない中小企業にとって大事なのが「守るCSR」であることは、いうまでもないでしょう。「伸ばすCSR」のほうが「価値創造に必須の要素」であるのに対して、「守るCSR」は「組織維持に必須の要素」とされています。いずれは自ら価値を創造できる企業になることを目指したいものですが、それも自分たちの組織を維持できなければ話になりません。

しかし逆にいえば、3つの「守るCSR」を実行するだけでも、企業としての社会的責任をある程度は果たすことになります。環境問題のような大きなテーマに取り組むことだけが企業の社会的責任ではありません。そう考えると、CSRのハードルもいくらか低く感じられるのではないでしょうか。

そして、「守るCSR」を達成する能力は、いずれも会計力を高めることで磨かれます。そういう意味でも、やはり「会計即経営」なのです。

たとえば経済的責任を果たせているかどうかは、その会社のP／LやB／Sを見ることで明らかになります。P／L上の当期利益が大きいほど、責任を果たしているといえるでしょう。また、B／Sで自己資本より他人資本のほうが大きい会社は、社会に負担をかけているという意味で、しっかりと責任を果たしているとはいえません。

この経済的責任を果たす上で重要なのが、月次巡回監査です。毎月きちんと帳簿を締め切って経営状態を明らかにし、それを直視することで「次」に向かう。その作業をルーティン化して「呼吸」のリズムを整えることで、経済的責任を果たすための土台が築かれるのです。

企業の法的責任にはいろいろありますが、その中でも会計面でとりわけ大切なのは「納税」でしょう。これも会計事務所の監査をしっかりと受け、誤魔化すことなく法人税を納めるのが最低限の責任です。

もちろん、法人税を納めるには当期利益を出さなければいけません。ですから、**納税という法的責任を果たせば、経済的責任も果たしたことになる**でしょう。

3つめの「倫理的行動によるリスク低減」とは、要するに「ズル」をしないということ。法律の抜け道や盲点を見つけて儲けようとする行動は、会社の社会的信用を傷つけます。近頃は「抜け目なくうまく立ち回った者が勝つのは当たり前」という感覚を持つ人も目立つようですが、長い目で見れば、そういう生き方は決して自分のためになりません。

会計面でいえば、過剰な「節税」がそれに当たるといえるでしょう。先述したとおり、私は税理士としてすべての節税を否定するわけではありません。しかし、本当は黒字なのに経費を膨らませて赤字決算書を作成するような節税は、やはり倫理的行動とは呼べないと思います。

しかも、無駄に経費を使って利益を減らすのは経済的責任にも反しますし、納税という法的責任も避けて通ろうとしているのですから、あらゆる意味で無責任。CSRについて語る資格さえありません。まずはこの「守るCSR」という足元を固めることが、企業の社会的責任を果たすための第一歩です。

近江商人の「三方よし」とは

ところで、ここまで「CSR」についてお話ししてきましたが、ビジネスにおける社会的責任や社会貢献といった概念そのものは、決して新しいものではありません。また、「CSR」とアルファベットで書くと欧米由来のようにも見えますが、日本でも昔からCSR的な発想はありました。近江商人の行動哲学として知られる「三方よし」がそれです。

近江商人とは、江戸時代から明治時代にかけて、近江国（現在の滋賀県）を拠点にして他国に行商して歩いた商人たちのこと。西武グループ、髙島屋、伊藤忠商事、三井財閥、住友財閥、トヨタ自動車、日本生命などなど、その流れを汲む企業は枚挙にいとまがありません。

その近江商人が信用を得るために大切にしていたのが、**「買い手よし」「売り手よし」**

「世間よし」という「三方よし」の精神です。

商売ですから、売り手と買い手がともに満足する「二方よし」までは誰でも考えるでしょう。売り手だけが儲かって、買い手は少しも喜ばない商売も世の中では散見されるものの、当然そういうビジネスは長続きしません。

しかし近江商人は、お客さんに喜ばれる商品やサービスを提供することで自分たちが利益を得るだけでなく、「世間」のためになることも大事にしました。利益が貯まると、無償で橋や学校を建造するなどして、地域生活の向上に貢献したのです。

先ほどのピラミッドに当てはめると、これは「守るCSR」のひとつ上のレベルである「倫理的行動による価値向上」になるでしょう。「守るCSR」を果たせるだけの足元を固めた中小企業が次に目指すべきは、こういう「世間よし」だと私は思います。

社会貢献といっても、「社会」の範囲は広いので、どこまでを視野に入れればよいのかよくわからないかもしれません。世界を股にかけるグローバル企業なら、「世界」全体への貢献を考えるべきでしょう。全国に支社を持つ大企業なら、「日本」のために良いことをしようと考えるのが自然な流れです。

でも中小企業にとって、「世界」や「日本」はやはり大きすぎます。

もちろん、中小企業であっても、「世界」というマーケットを相手にビジネスを展開することは可能です。これからはますますそういう発想が必要にもなるでしょう。地球規模の環境問題を改善するような画期的なアイデアが、小さな会社から生まれることだってあり得ます。

しかしそれは「二方よし」までの話。世界中の人々を満足させる商品やサービスを提供できたとしても、その利益を世界中に還元することは中小企業には難しいでしょう。日本国内でも、まだ広すぎる。小さな会社が「三方よし」を実現するには、**自分たちの地元である地域社会**に目を向けるべきです。

安定的な経営をするだけで地域に貢献できる

とはいえ、地域のために橋や学校などを建造した近江商人のような「世間よし」を実現するのは、いまの中小企業にとって簡単なことではありません。

近江商人は日本全国で行商をしていたので、それなりに規模の大きなビジネスをしていました。巨額の寄附ができるだけの利益も上げていたでしょう。おもに地元の人々を相手にする飲食店や町工場などの中小企業とは違います。

では、中小企業はどんな形で「世間よし」のビジネスを行えばいいでしょうか。私は、「守るCSR」をしっかりと果たして、**自分の商いを安定的に回していく**だけでも、中小企業は地元の地域に貢献できると思っています。

というのも、これまでもお話ししてきたとおり、会社は自分たちだけでは成り立ちません。常に外部の「世間」とつながっています。だからこそ会計の開示に大きな意味があるという話は、すでにしました。

お金が「酸化」と「還元」をくり返して回るのも、世間とのつながりがあるからです。自分の債権は誰かの債務であり、自分の債務は誰かの債権。自分だけが一方的に債権を握ることも、自分だけが債務を負うこともありません。自分と他人がお互いに「酸化」と「還元」をし合いながら、それぞれに成長を目指すのが企業社会というものです。

そうやって社外との良いつながりを保っていられるとしたら、それはその会社が世間様に受け入れられているということでしょう。

そういう商いを続けていけば、会社の自己資本はだんだん厚くなっていきます。他人資本に依存しすぎることなく、自分の力で立っている。その姿を映し出した**「美しいB／S」ができている中小企業は、「三方よし」の経営に近い**といえるのではないでしょうか。

ただ、「三方よし」の会社がひとつあるだけでは、地域への貢献度もあまり高まりません。中小企業の多くは、それぞれの地域の中でさまざまな会社とつながっています。いくつもの地元企業が、分厚い自己資本に支えられた安定的な経営を継続できれば、そのつながりの中でお金が回り、地域全体の経済を底上げするでしょう。もちろん、雇用も確保されます。

ですから、中小企業が社会的責任を果たそうと思ったら、そんなに特別なことをする必要はありません。「美しいB／S」をつくれるだけのしっかりした経営を行うこと自体が、すでに地域に対する大きな貢献だと考えていいでしょう。

戦地からの復員兵を迎え入れた中小企業の責任感

もともと、1950年代の米国でCSRが提唱され始めた頃に、企業が責任を持つべきとされた対象は、おもに「従業員」と「地域社会」でした。のちに地球環境問題をはじめとする大きな社会課題が注目され、「ESG」のような概念も出てきたわけです。

ですから、地域への貢献はCSRの原点のようなものといえるでしょう。

さらにいえば、もっと足元の問題である「従業員に対する責任」も忘れてはいけません。従業員への責任も果たせないような企業には、ESGはもちろん、地域社会への貢献も語る資格はないのです。

企業の従業員に対する責任について考えるとき、私は近江商人の子孫である6代目・塚本喜左衛門さんからうかがったお話をよく思い出します。

敗戦直後の日本では、戦地から命からがら故郷に復員する人たちが大勢いました。彼らは、家族の待つ家に帰る前に、かつて働いていた会社に顔を出すことがあったそうです。「家族より会社が大事なのか?」と眉を顰《ひそ》める人もいるかもしれませんが、そうではありません。

「社長、無事に復員してまいりました」

「そうか、よく帰ってきた。明日からでもいいから、また働いてくれ」

「いいんですか？　どうもありがとうございます！」

そんな挨拶を済ませてから、家に帰って家族と再会を果たすのです。

生きて帰ってきただけで、家族は「お父さん！　本当によかった！」と泣いて喜んだことでしょう。でも、ひと息つくと、妻も子も今後の暮らしのことが心配になります。とはいえ、やっと復員したばかりのお父さんにプレッシャーをかけるようなことはいいにくいでしょう。

そんなときに、家族の気持ちを汲んだお父さんはこう告げるのです。

「さっき社長に挨拶してきた。明日からでも勤めていいといってくれたよ」

安心した家族は、また「よかった、よかった」と涙を流すわけです。

復員した本人にしてみれば、かつて勤めていた会社があの戦争を経て存続しているかどうかもわからないのですから、不安だったでしょう。家族を守らなければいけない立場なので、真っ先にそこに足を運ぶ気持ちはよくわかります。

一方の社長も、とりあえず会社は残っているとはいえ、戦争が終わったばかりですから、今後どうなるのかわかりません。やはり、不安はあったと思います。

でも、こちらはこちらで従業員とその家族を守らなければいけません。だから、果たしてちゃんと給料が払えるかどうかわからなくても、生きて帰ってきた従業員に迷うことなく「明日からでも働いてくれ」と声をかけるわけです。

どんなに小さな会社であっても果たさなければいけない最低限の社会的責任は、これではないでしょうか。最低限かつ最重要な企業の責任は、**従業員とその家族の暮らしを守る**ことです。そこに強い責任を感じていたから、物資の調達もままならない敗戦直後の苦境でも、「何とかしなければ」と歯を食いしばって働けたのでしょう。

前に、従業員にとって一番の福利厚生は「会社を潰さないこと」というお話をしました。そのためにもっとも重要なのは、たとえコロナ禍のような環境変化で3年ぐらい売上が立たなくても給料を払えるだけの分厚い自己資本を持つことです。「福利厚生のため」といいつつ、利益を高級リゾートなどの固定資産に投入する経営者に、最低限の社会的責任を果たす覚悟があるとは私には思えません。

ですから、最低限の社会的責任を果たせる会社かどうかは、B／Sを見ればわかります。自己資本比率が高ければ高いほど、その責任感も強いといえるのです。

会計力の低さが「シャッター街」を生んだ

この最低限の責任を果たせる会社は、先ほどお話ししたような地域への貢献も果たすことができます。その力を裏づけるのが、自己資本にほかなりません。

そういう意味で、社会的責任を果たす「三方よし」の経営ができるかどうかも、その会社の「他人資本」と「自己資本」などのバランスを示すB／Sに表れます。つまり、CSRの成否を握っているのも、それぞれの会社の「会計力」なのです。

バブル経済の崩壊以降、日本社会では地方の衰退が続いてきました。

その象徴ともいえるのが、いわゆる「シャッター通り」「シャッター街」です。かつては賑わっていた地方の商店街や街並みの多くが、いまは軒並みシャッターを下ろしたままの寂れた風景になってしまいました。商店や事務所などが閉店、廃業した結果です。

地方経済の衰退は、もちろんその地方だけの責任ではありません。経済のグローバル化をはじめとする世界規模の環境変化や、日本経済そのものの衰退と低迷、あるいは人々の生活スタイルや消費スタイルの変化など、地方の人々には如何《いかん》ともしがたいさまざまな原因があると思います。

ただ、地域経済を支えるべき中小企業の力不足も、その原因のひとつだったことは間違いないでしょう。**環境変化に対応できるだけの経営力がなかった**のです。

そして、経営力の不足は「会計力」の不足にほかなりません。

経営が苦しい中で、中小企業の多くは借入金への依存度が高まっていきました。その結果、自己資本比率が下がり、従業員や地域社会に対する責任を果たせるだけの体力を失ってしまったのです。

このまま中小企業が借入金頼みの経営を続けていけば、地方の衰退には歯止めがかかりません。少なくとも、国の保護政策に頼っているばかりでは、地方の復活は難しいでしょう。融資を受けるにしても、地元の金融機関と将来の展望についてじっくりと話し合い、その地域のためになるような形でともに事業を進めていくことが大事だと思います。

もちろん、地方の中小企業を支えるべき信用金庫や信用組合などの金融機関も、いまは経営が厳しい状況です。店舗も人も減らすことで、何とかしのいでいるところが多くなりました。

しかし、人が減れば預金も集まりません。預金がなければ融資もできないのですから、悪循環です。

一方、いわゆるメガバンクはグローバルなビジネスにばかり注力するので、地方経済の活性化など眼中にありません。実際、地方の支店はどんどん減っています。やはり、それぞれの地元にある町場の金融機関が支えなければ、地方の経済は回らないのです。

ですから今後は、まず**中小企業がしっかりとした「会計力」を身につける**ことが大切です。分厚い自己資本に支えられた「美しいB／S」を目指して、そのための中長期的な事業計画を立てれば、地元の金融機関からの信用も高まるでしょう。そういう「つながり」を強めていくことで、地域の個性に合った「三方よし」の経営が生まれるのだと思います。

第7章

「社長」から「経営者」に

——大事なのは「続ける」こと

「問題解決能力」より「問題発見能力」の時代

護送船団方式や系列化などの国策で守られていた高度経済成長期の中小企業は、与えられた問題を解決するのが大きな役割のひとつでした。

たとえば大手メーカーの系列下にある町工場は、親会社から「こういう製品に使える部品をつくってくれ」と頼まれます。その課題に応えていれば、安定的に収益を上げ続けることができました。

国の産業政策も「欧米に追いつき追い越せ」を大方針として掲げていましたから、多くの業界で、克服すべき課題は明確だったでしょう。冷蔵庫やクーラーをはじめとする家電や自動車など、「欧米と同じような製品をより安くつくるにはどうするか」という問題を解決すれば、成長することができたのです。

ただしこれは、日本にかぎったことではありません。多くのビジネス書で知られる山口周さんは『ニュータイプの時代　新時代を生き抜く24の思考・行動様式』（ダイヤモンド社）の中で、かつては社会全体に共通の問題がたくさんあったので、「問題を解決できる人」が高く評価されていたと述べています。労働市場でも、20世紀後半の数十年間は、「問題を解ける人」「正解を出せる人」が高く評価されました。

しかし技術の発展などによって多くの基本的な問題が解決されたこともあって、21世紀も四半世紀が過ぎようとしている現在、社会では解決すべき問題が減っています。そのため「問題を解決する人」は急速に価値を失うようになりました。

山口さんによれば、ビジネスは「問題の発見」と「問題の解決」の組み合わせで成り立っています。解決すべき問題が減ってしまったなら、それを見つけ出して世の中に提案しなければいけません。

そのため、いまは**「問題を解ける人」よりも「問題を見出して、他者に提起する人」**がニュータイプとして高く評価される、といいます。

これは中小企業も同じでしょう。解決すべき問題が与えられるのを待っていても、チャンスはあまり広がりません。

日本の企業社会には「顧客第一主義」という考え方が根強く残っていますが、お客さんに「いま何がほしいですか？」と聞いて回っても、「これがないと困る」というニーズはほとんど出てこないと思います。せいぜい、すでに使っているモノやサービスを「もっと安くしてほしい」という話にしかなりません。

そんなニーズに応えて「安かろう、悪かろう」の商品ばかりつくっていたら、企業の社会的「無責任」が問われてしまいます。過剰な価格競争は企業の体力を奪うので、経営は楽にならず、ますます厳しい状態になっていくでしょう。

たとえば前章でお話ししたような地方の衰退も、それぞれの**地域の問題を自分たちで見つけるという発想**があれば、少しは食い止められたでしょう。

昔の商店街は、それこそ「顧客第一主義」で、人々が必要とするものを売っていれば商売になりました。ところがその顧客のニーズがなくなってしまったので、店をたたまざるを得なくなったわけです。

そこで、「顧客のニーズ」ではなく「地域のニーズ」に目が向けば、新しい問題を見つけられたかもしれません。「地元の街を楽しい場所にするには何をすべきか」といった問題を提起することで、それぞれの商店や中小企業が進むべき方向が見えてくるのです。

しかし実際は、顧客のニーズがなくなった段階で商いそのものを諦めてしまいました。そして、銀行にすすめられるままにビルを建てて賃貸に出し、自分たちもその最上階に住むという選択をした人がたくさんいます。これでは、活気のある街はつくれません。

中小企業は「企画力」の前に「会計力」を

いずれにしろ、今後は中小企業も自ら問題を見つけ出し、それを世の中に投げていく姿勢が求められます。大企業からの依頼を待つのではなく、自分から「こういうアイデアを思いついたので、うちでやらせてくれませんか？」と提案する。本来、そういうことを軽いフットワークでやれるのが、中小企業の面白さかもしれません。

ただし、それをやるためにも、**やはり「会計力」が必要**です。

というのも、これまでのような「与えられた問題を解決する仕事」は——前にお話しした子どもの「皿洗い・肩もみ事業」ほど確実ではないかもしれませんが——ニーズがはっきりしているので、ある程度の成功をあらかじめ見込めるでしょう。

しかし「問題を提起するビジネス」は、その問題を解決する前に、問題そのものが世の中に受け入れられるかどうかがわかりません。そういう事業への投資は、これまでの新規事業よりもはるかにリスクが高くなります。

たとえば、「奇跡の歯ブラシ」という商品をご存知でしょうか。山型のブラシで歯の隙間まできれいにできるというアイデア商品で、シリーズ累計で1000万本を突破するほどヒットしているので、すでに使っている人もいると思います。

従来の歯ブラシにはない発想から生まれたものですが、構想してすぐに世に出せたわけではありません。製品化するまでに、2年以上かかったそうです。素人は「歯ブラシの形状を変えるだけだから簡単だろう」と思ってしまいますが、じつはこれが難しい。つくってくれる工場が見つかるまで、2年かかったのです。

大企業なら、新製品の研究開発に何年もかけるのは少しもめずらしくありません。2年ぐらいかかるのは日常茶飯事でしょう。

しかし中小企業の場合、この2年間を持ちこたえるのは大変なことです。それができる体力がなければ、新しい提案を実現することはできません。

だからこそ中小企業の経営者には、新商品を生み出す**「企画力」の前に、まずは「会**

計力」が求められます。経営者が自社のB／Sをしっかり読む力を持たなければ、新規事業にどのくらいまで投資できるのか、そのための借入金はどこまで許容できるのか、その融資を金融機関がしてくれるのか……といったことが判断できません。

前にもお話ししたとおり、多くの会社があまり苦労することなしに黒字を出し続けることができた高度経済成長期の経営者は、自己資本比率を気にする必要がありませんでした。B／Sは脇に置いて、P／Lだけ見ていれば経営判断ができたのです。

しかしいまは、誰にも先行きが見通せない時代。Volatility（変動性）、Uncertainty（不確実性）、Complexity（複雑性）、Ambiguity（曖昧性）の頭文字を並べた「VUCA」という言葉も広く定着しました。

この言葉がビジネス界で使われるようになってから、もう10年ぐらいになるでしょうか。当然、中小企業も生き方を変えなければいけませんが、いまだにそれを自覚できていない経営者が多いのです。

変動性や不確実性の高い時代には、「これからは何を売ればいいのか」について悩む人が少なくありません。ヒット商品を生み出すノウハウを教えるビジネス書もよく読まれているようです。

しかし何を売るにせよ、不透明な未来に耐えられるだけの基礎体力がなければ、成功はおぼつきません。「ＶＵＣＡの時代」だからこそ、その体力をつけるための会計力が求められます。分厚い自己資本に裏づけられた長期的ビジョンがなければ、いまの時代に企業経営はできません。

取り扱い商品にこだわると「一発屋」になりかねない

そもそも経営者が第一に考えなければいけないのは、「どんな商品を取り扱うか」ではなく、「どんな会社をつくるか」です。それは昔もいまも変わりません。

取り扱い商品にだけこだわっていたら、会社は長続きしないでしょう。世の中は常に変化するので、必要とされる商品も必ず変わります。

たとえば、江戸時代まではいくらでも仕事のあった刀鍛冶は、武士がいなくなったら包丁などをつくるしかなくなりました。「刀をつくりたい」といっても、需要がなくなってしまったのだから仕方ありません。物流の分野でも、「自分の仕事は飛脚だ」とこだわって、進歩した技術に背を向けていたら、すぐに廃業です。

とくに、これから新しいビジネスをつくっていこうとしているスタートアップ企業の社長たちは、このことをよく考えてみるべきでしょう。

スタートアップ企業の大半は、「これを売りたい！」というモチベーションで動いていると思います。自分たちの考え出したアイデアを形にして世に送り出すことで、大きな利益を上げ、社会にも貢献することができるはずだ——そんな意欲に満ちているに違いありません。

でも、会社をひとつ立ち上げるのは、たとえば飲料メーカーの開発部が「次はこのビールが売れるはずだ！」と新商品を世に送り出すような話とは違います。開発部のメンバーは、そのビールがヒットすれば良い仕事をしたことになるでしょう。一方、経営者はそのビールが売れなくなったときも見据えて、それでも会社が続いていくように考えて行動するのが仕事です。

ですからスタートアップ企業の社長は、新しい商品やサービスを生み出すことだけでなく、**自分が生み出すのはあくまでも「会社」**であることを忘れてはいけません。その会社を20年、30年と続けていくためにより重要なのは、「取り扱い商品」の中身ではなく「経営」の中身です。

起業から20年、30年のあいだに、取り扱い商品は必ず変わりますし、変えてかまいません。会社を続けるために大切なのは、いろいろな商いをする中で自己資本を厚くしていくことです。取り扱い商品を「売りたい！」という初期衝動だけでは、そういう息の長い仕事はできないでしょう。

そういう意味では、むしろ「会社の経営がしたい！」というモチベーションの持ち主のほうが、スタートアップの社長に向いていると思います。

そして何度もくり返しているとおり、経営とは「即会計」にほかなりません。「社長」が本当の意味の「経営者」になり、社会的責任を立派に果たせる会社を維持していくには、やはり「美しいB／S」をつくれるだけの会計力が不可欠なのです。

スタートアップ企業の社長の中には、自分の会社そのものも「取り扱い商品」のように考える人もいるかもしれません。自分の考えたビジネスが成功すれば、会社の株価も上がって、高く買ってもらえるからです。そこに「経営がしたい！」というモチベーションはまったく感じられません。

そういう「一発屋」として成功し、大金をつかみたいなら、それはそれでいいでしょう。そういう生き方を否定するつもりはありません。

ただ、その「一発」で成功するとはかぎらないのがビジネスです。失敗すれば、起業時の莫大な借入金を返済するために次の手を打たなければならないでしょう。そうなることを踏まえて準備をしておくのが「経営」というものです。

やはり、**「経営がしたい！」という人でなければ、会社のトップは務まりません。**「とにかくこの商品を売って成功したい」というだけの社長は「経営者」ではなく、ほとんど「ギャンブラー」みたいなものではないでしょうか。

「経営」は動的な継続性が不可欠

私は、それぞれの会社が長く安定して繁栄するためにも、それによって社会全体を豊かなものにしていくためにも、中小企業の「社長」たちには、**本当の意味での「経営者」になってほしい**と願っています。

どの社長も、「会社を経営しているのだから自分は経営者だろう」と思っているかもしれません。でも、「経営即会計」だとすれば、B／Sという会計の本丸に目が向かない社長を「経営者」とは呼べないでしょう。

商売で利益を出し、社会的責任も果たすのが会社です。だから、真っ先に「世の中の役に立つ商品をたくさん売る」ことに目が向くのは無理もありません。そして、その商売の結果はP／Lに表れます。

でも、それだけなら、必ずしも会社という「公器」をつくらなくてもいいでしょう。個人として考えた商品やサービスで利益を上げ、社会の役に立つことは、いくらでもできると思います。商品を世に出すにあたってほかの会社の協力を得ることはあっても、自分自身が「経営者」になる必要はありません。たとえば作家や音楽家などのアーティストは、そういう存在です。

ではなぜ会社をつくるかといえば、その活動を長く安定的に継続するためでしょう。**商売で利益を出し「続け」、社会的責任を果たし「続け」るのが会社**なのです。その方法を考えるのが、経営者の役目にほかなりません。

そもそも経営の「経」は、「筋道をたどる」「過ぎていく」という意味があります。一方、「営」は「こしらえる」「つくり整える」といった意味。商品をこしらえて売るだけなら「営業」と呼べばいいでしょう。

でも、経営は営業と同じではありません。これはもともと、動的な継続性を含んだ言葉なのです。一発ヒットを出して会社を売却し、創業者利得を得てハッピーリタイアメント……という生き方は、動的でもなければ継続性もないので、「経営」の概念に含まれません。

そして、その経営の本質である「継続性」を表現する帳簿が何なのかは、もういうまでもないでしょう。

会社の「いま現在」の儲けを表すP／Lに対して、B／Sからは会社の現状だけでなく、**過去の蓄積と未来の可能性まで読み取ることができます。**動的な継続性を実現する「経営者」にとって、これほど重要な帳簿はありません。

「いま何を売るか」という目の前の問題から「会計」に目線を移し、自社のB／Sとじっくり向き合えば、これからどのように自己資本を積み上げ、将来その資本を使って何ができるかを考えることができます。取り扱い商品が生む一時的な利益ではなく、会社の足腰である資本を使って、従業員や社会に対する責任を果たしていく。それが本当の意味の「経営者」が目指すべきCSRなのだと私は思います。

「なりゆき会計」からの脱却

現実には、そういう継続性を意識して会社を経営している人はあまり多くありません。なにしろ日本の経済そのものが低迷を続けているので、目の前の売上をどう確保するかで頭がいっぱいになるのはわかります。

しかし、好調に業績を上げている会社の社長でも、5年先、10年先のことまでは考えていないようです。

「これから5年間、どんな経営をしていこうとお考えですか？」

決算時に私がそう聞いても、明確な答えはなかなか返ってきません。

「いやまあ、うまくいっているので、来年も今年の延長でやりますけどね」

返ってくるのは、せいぜいそんな言葉だけです。たまたま結果として今年はうまくいったから、次の年もそのままやればよい、ということでしょう。P／Lだけ見ていると、そういう場当たり的な考え方になりがちです。

本当の「経営者」になるには、こういう**「結果としてこうなった会計」から卒業**しなければいけません。たしかに帳簿は商いの結果を記録するものですが、それを見て「結果オーライ」で満足しているようでは、未来を築くことはできないでしょう。将来に向けた計画性がなく、目の前の現状に流されているだけという意味では、「なりゆき会計」とも呼びたくなります。

こういった会計のあり方から脱却するには、数年先のゴールを設定して、それを達成するための行動計画を立てなければいけません。

もし自己資本比率が50％に達していないなら、いつまでに実現するのか。

そのためには、今後どれくらいの利益を出していくのか。

あるいは、法人税の優遇税率が適用される当期利益800万円まで稼いで、それを自己資本に回していくには、どうすればいいのか。

そういった具体的な目標と計画を立てるだけでなく、それを従業員にも開示することが大事です。目指すべきゴールがどこにあるかわかれば、会社全体の意識が高まるでしょう。

積み重ねでゴールを目指す「建設会計」

私はそのような会計のあり方を「**建設会計**」と呼んでいます。具体的な設計図を描いて、完成までの工程を明らかにするやり方です。

サッカーがお好きな方なら、「**ビルドアップ会計**」といえばピンと来るかもしれません。サッカーでは、ゴールキーパーからディフェンダー、さらにミッドフィルダーからフォワードへと、自陣からパスをつなぎながら敵陣にボールを運んでいくことを「ビルドアップ」といいます。ひとつひとつのプレーを積み上げながら、ゴールに向かうわけです。

サッカーの攻撃は、いつもそんなふうになされるわけではありません。残り時間が少なくなったときなど、負けているチームが後方から相手ゴール前までロングボールを蹴り込んで、何とかして得点しようとすることもあります。

でも、これはそう簡単には成功しません。何度も何度も同じ攻撃をくり返して、たまにうまくいく。「下手な鉄砲も数撃ちゃ当たる」といっては失礼かもしれませんが、ギャンブルを思わせる窮余の一策といったところでしょうか。「結果としてこうなった会計」はこれと似ているような気もします。

会社の経営も、売上が伸びず、借入金の返済が滞ったりして苦しくなると、「一発」を狙ったギャンブルを打ちたくなるものでしょう。そうなるのは、無計画な「なりゆき会計」でよしとしているからです。

確実なパスを積み重ねて、しっかりとビルドアップしていけば、少なくとも攻撃の「型」が崩れることはないでしょう。「型」を崩さずに、小さなパスを積み上げていけば、必ずゴールに近づきます。そういう会社は、ギャンブルみたいなイチかバチかの勝負をしません。

偶然に任せたロングボール攻撃ではなく、しっかりとビルドアップをくり返すチームは、しばしば「美しいサッカー」という言葉で評されます。会社の経営も同じ。長期的なビジョンに基づいた「建設会計」によって、「美しいＢ／Ｓ」を築くことができるのです。

なりゆき任せの経営ではなく、強い意志を持ってB／Sを「建設」するという方針を従業員にも開示すれば、会社は変わっていくでしょう。

前に紹介したように、会計を開示して長期的なビジョンを示せば、借金の多い会社でも従業員は意欲を高めます。会計をビルドアップ型にすることで、従業員もひとつひとつの仕事を丁寧につないでいくビルドアップ型のプレースタイルになるかもしれません。そうやって現場の力を引き出すことで、会計の「型」が次第に血肉となり、会社を内側から強くしていくのです。

そんな現場の力が、会社の「稼ぐ力」を伸ばしてくれることでしょう。目標も計画もない集団は、運に任せて場当たり的な行動を取るばかりで、能力が伸びません。たまたま勝って儲かることはあっても、それは「稼ぐ力」によるものではないのです。

自己資本比率を高める「ビルドアップ走」

「ビルドアップ」はサッカーだけではなく陸上の世界でも使われる言葉で、ランニングのトレーニング方法には「**ペース走**」と「**ビルドアップ走**」があると聞きました。

ペース走は一定の速さを保って決めた距離を走る方法で、マラソンのペースづくりに役立つそうです。

ビルドアップ走は、一定の距離を超えたらペースを上げていく走法です。

じつは会計人にはランニングが好きな人が多く、日頃からなぜかなと思っていたのですが、2つのトレーニング法について知って、経営に似ているからかもしれないと思いました。

ペース走では同じペースで走り切ることが重視されます。たとえば1キロを7分で走ると決めたら、そのとおりに走る。ペースが落ちても走り続けるということをしません。

1キロをきっちり7分で走れるようになったら、2キロ14分に挑戦する。そうやって3キロ、4キロと延ばしていきます。

このようなペース走でも脚の筋肉は強化され、心肺機能は向上し、持久力もアップします。しかし、これだけでは、アスリートにはなれないそうです。

ビルドアップ走を訓練に取り入れてこそ、肉体と精神が指数関数的に成長し、真のランナーになれる。

ですが、ビルドアップ走というのは、過酷なトレーニングです。箱根駅伝の5区での山の神は、ビルドアップ走の地獄の特訓を乗り越えた人だけがなれるのかもしれません。

私は、この**ビルドアップ走こそ、自己資本比率を高めていく道**ではないかと思います。無借金の企業が自己資本を厚くしていくのは、ペース走でできます。しかし借金企業が無借金を目指し、同時に自己資本を厚くしていくにはビルドアップ走が求められます。

その大変さは先にも述べましたが、この走法を身につけないかぎり、借金企業は自己資本の厚い無借金企業になることはできないのです。

筋肉も、心肺も、そして脳髄も、熱を持って酸欠になって死んでしまうのではないかという状態で走る。それでようやく夢はかないます。

極めて過酷ですが、それを克服したときの喜びは計り知れないでしょう。

『日本永代蔵』から学ぶ

とはいえ、決して無理無茶をしろといっているわけではありません。小さな会社は、無理をして大きな勝ちを取りに行くと往々にして失敗します。取りに行った果実が大きいほど、失敗したときの痛手も大きいでしょう。ペース走にせよビルドアップ走にせよ自己資本を分厚くしたいなら、**地道に「小さな勝ち」を無数に積み上げていく**のが、もっとも堅実な近道であることに変わりありません。そこでは「小さな負け」も当然ありますが、これはすぐに取り返すことができます。

理屈の上では当たり前の話なので、「そんなことはわかっている」という人もいるかもしれません。しかし、頭ではわかっているはずなのに、実際には「大きな勝ち」を取りに行きたがる人が多いのもたしか。そうなるのは、実感として「小さな勝ち」の重みがわかっていないからです。

では、なぜ「小さな勝ち」の重みがわからないのか。それは、帳簿を見ていないからではないでしょうか。「小さな勝ち」が積み上がって大きくなっていくのは、日頃からマメに帳簿を見ていなければわかりません。その手応えをたしかな数字で把握していないと、地道な積み重ねをしていく気にならず、「大きな勝ち」がほしくなるのです。

しかし商売をする上で、やはり帳簿は基本中の基本。これは、本格的な貨幣経済の時代を迎えた江戸時代の頃から変わりません。

そこで、あらためて帳簿の大切さをわかってもらうために、日本初の経済小説ともいわれる**井原西鶴の『日本永代蔵』**の中身を少しご紹介しましょう。西鶴が、経済を中心とする町人生活を30篇の短篇集にまとめたものです。勤勉や節約などによって財産を築く術を教えるビジネス書のような側面もありました。まずは、商人のランクづけをしたところを見てみましょう。

惣じて、親のゆづりをうけず、その身才覚にしてかせぎ出し、銀五百貫目よりして、これを分限といへり。千貫目のうへを長者とはいふなり（一切、親の遺産など譲り受けず、自分の商才で稼ぎ出して、五百貫目になれば、これを分限という。千貫目以上を長者というのである）

——巻一（二）

親から相続した財産はなしに、裸一貫から始めるのが前提ですから、まさに中小企業の話だといえるでしょう。「銀五百貫目」は、現代の貨幣価値に換算すると約11億円。

それだけ稼ぐと「分限」と呼ばれ、千貫目（約22億円）を超えると「長者」です。

ちなみに、同じ分限にもいくつか呼び名がありました。

たとえば、財産を手堅く増やしていくお金持ちは「楠分限」。クスノキは成長が遅いものの、着実に大木になることから、そう呼ばれました。

一方、成り上がりのにわか成金は「梅の木分限」。梅は早く成長して実をつけますが、大木にはなりません。

また、時間をかけてじわじわとお金持ちになった人を指す「次第分限」という言葉もありました。「小さな勝ち」を積み上げて自己資本を厚くする経営は、この「次第分限」を目指すものといえるかもしれません。『日本永代蔵』には、こんな一節もあります。

されば商いの心ざしは、根をさめてふとくもつ事、肝要なり（商売の心がけは、自己資本の基礎をしっかり固めて、気を大きく持つことが肝要である）　――巻六（四）

自己資本を会社の「根」だと思うと、その大切さが身に沁みてわかるような気がします。強く大きな根を生やしながら次第分限となり、やがては大木のような会社を目指したいものです。

帳簿を大切にするだけで商売の「根」は太くなる

さて、大事なのはここからです。『日本永代蔵』には、**帳簿の大切さを語る場面**がいくつもありますので、読んでいただきましょう。

かならず、人にすぐれて器用といはるるは、その身の怨なり。公家は敷島の道、武士は弓馬、町人は算用こまかに、針口の違はぬように、手まめに当座帳付くべし
（人にすぐれて器用といわれる事は、必ずその身の仇となるものだ。公家は和歌の道を、武士は弓馬の道をはげみ、町人は算用をこまかにして、天秤の量り方を間違わぬようにし、手まめに出納簿を付けるのがよい）

――巻五（四）

金銀すぐれて、まうくる手代は、算用は合わせてつかふ事にかしこく、律儀に構へて始末過ぎたる若い者は、利を得る事にうとし（金銀をたくさん儲ける手代は、帳簿をきちんとつけて収支を計っているので、使うのも上手だが、逆に実直に構えて倹約しすぎる手代は、儲けるのが下手だ）

——巻五（一）

この亭主を見るに、目鼻手足あって、外の人にかはつた所もなく、家職にかはつてかしこし大商人の手本なるべし（略）何によらずないといふ物なし、万有帳《よろづありちやう》めでたし（この店の主人を見るに、目鼻手足があって、ほかの人と変わったところもないが、ただ家業のやり方にかけては人とは違って、賢かった大商人の手本であろう（略）何によらずないというものはない。あらゆる物が帳簿に記されているとは、誠にめでたいことだ）

——巻一（四）

手まめに出納簿をつける、帳簿をきちんとつけて収支を計る、あらゆるものを帳簿に記す——こうしたことを高く評価しているということは、逆にいうと、帳簿をきちんとつけない商人がたくさんいたということでしょう。だからこそ、帳簿を大事にするだけで競争相手に対するアドバンテージが得られ、「根」の太い商いができたのだと思います。

やはり商売の成否を分けるポイントは、「何を売るか」「いかに売るか」ではありません。もちろん、良い商品を上手に売ったほうが、当座の収入は増えるでしょう。でも「根」が腐っていたら、その利益はたちまちどこかに消えてしまいます。

ですから何より大切なのは、帳簿をしっかりつけて現状を把握し、先を見据えること。井原西鶴の時代から、「会計即経営」であることをわきまえていた人たちが、分限や長者になることができたのだと思います。

「得」が「徳」に転じる経営

自己資本という「根」をじわじわと広げて「次第分限」となり、やがては「楠分限」という大木にまでなるには、長い年月がかかるでしょう。これからスタートアップ企業を立ち上げる経営者も、不況やコロナ禍で弱った会社を立て直したい経営者も、20年後、

30年後の姿をイメージして会計力を磨くことが大切です。

そのイメージが持てないと、B／Sの美しいバランスを保つことができません。P／Lに気を取られてしまい、目先の「得」を追いかけるようになります。

もちろん、利益という「得」を積み重ねるのが経営ではありますが、**将来につながらない「得」がある**のもたしか。利益を自己資本に回さず、無駄遣いして節税に走るのはその典型でしょう。目先の「得」に手を伸ばすと、せっかくの利益が積み上がりません。利益はそもそも「ごりやく」、そう読んだほうがありがたみがわきます。

そこで、法人税の支払いがどうしても「損」に思えてしまう人は、こんなふうに考えてみてはどうでしょうか。

税金は反対給付（見返り）のない支出なので、たしかに「損」をしているように感じられるかもしれません。でも（まっとうな政治さえ行われていれば）支払った税金は社会のために使われ、誰かの「得」になるでしょう。

だとすれば、納税はいわば「お布施」のようなものだと考えることができます。「喜捨」ともいうように、見返りを求めず喜んで捨てるのがお布施にほかなりません。

図7-1　「得」が「徳」に転じる経営

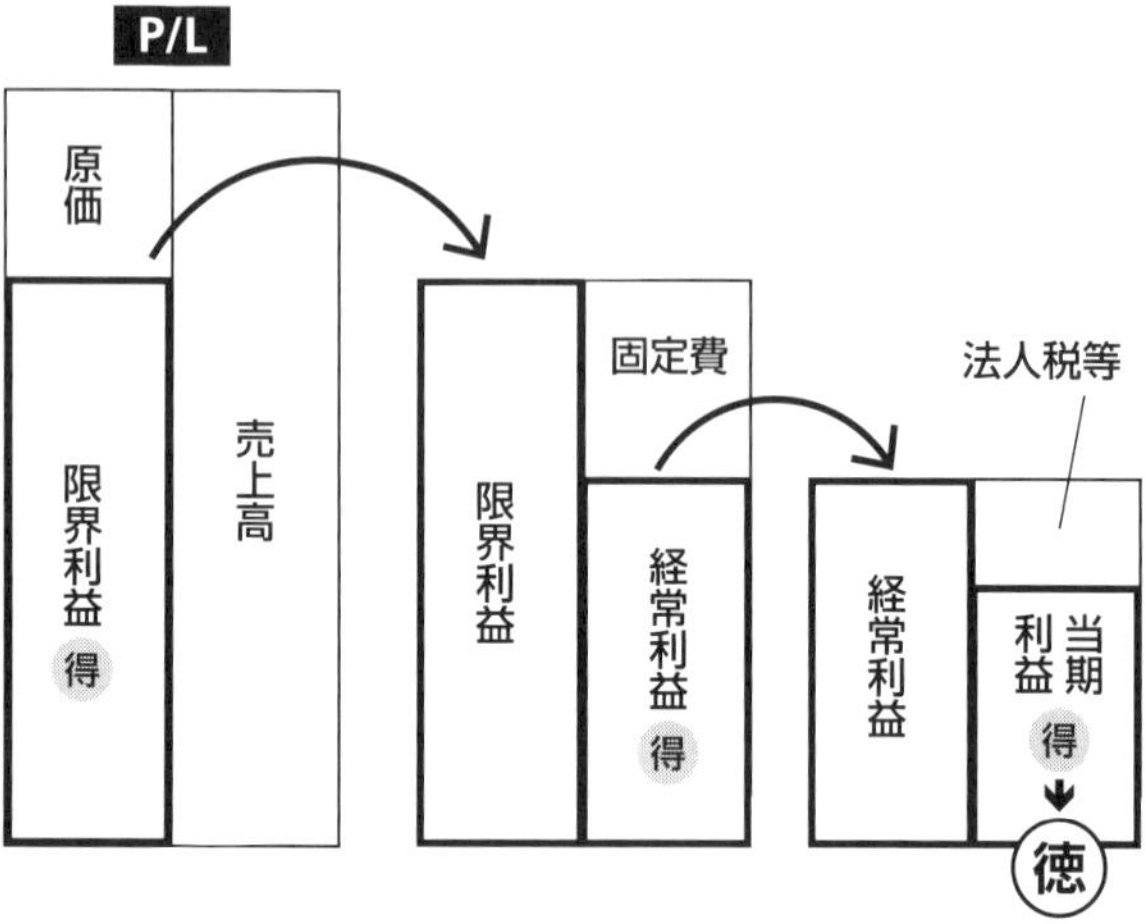

そして、喜捨は功徳を積むための行いです。法人税がお布施のようなものならば、納税をすることによって、その会社は徳を積むことになります。

つまり、**利益という「得」の中から一定額を税金として納めることで、その「得」が「徳」に変わる**わけです（図7－1）。

P／L上では、売上高から原価を差し引いたものが限界利益という「得」になります。でも、その「得」が丸ごと会社にとってプラスになるわけではありません。限界利益から固定費を差し引いたものが、経常利益という「得」です。

さらにそこから法人税等を差し引いたのが、最終的な当期利益。ここで「得」が「徳」に転じるのです。

それを内部留保に回すことで積み上がる自己資本は、まさに「徳」のかたまりのようなもの。そんな自己資本が分厚くなればなるほど、会社は立派なものになっていくような気がしてくるでしょう。

「いつの間にか立派な会社になっていた」と思える経営を

仏教では、利益には2つの種類があるといいます。

ひとつは、病気の苦しみや生活上の心配事などが消えるような、目に見えてはっきりとわかる利益。もうひとつは、ふだんは気づかないけれど、あるとき振り返ってみると幸福になっていたと感じられるような利益です。

前者を「顕益《けんやく》」、後者を「冥益《みょうやく》」といいます。自己資本を積み上げるために「得」を「徳」に転じるB／S経営は、**「顕益」ではなく「冥益」をいただく経済活動**といえるでしょう。

商売をしていれば、良いときもあれば悪いときもあります。でも「得」を「徳」に転じるB／S経営を心がけていれば、当面の業績の良し悪しはどうであれ、経営者の意思決定力や直観力が知らず知らずのうちに磨かれ、それによって会社自体も成長するに違いありません。

いまは「顕益」を実感できなくても、いつか会社が進んできた道を振り返ると、**いつの間にか立派な会社になっている**――そんな「冥益」を味わうことが、経営者にとって一番の喜びなのです。

本書の冒頭でお話ししたとおり、いまは本業で稼ぐ力を失い、資産運用で「賢く稼ぐ」ことに注力する会社が目立つようになりました。まさに、「目に見える利益」ばかりを追求する世の中になりつつあるといえるでしょう。

たしかに、それによって利益は上がるかもしれません。

でも、その経済活動には「積み重ね」がない。「根」を生やすこともないでしょう。社会に対する感謝の気持ちも生まれにくく、そのため、社会的責任を果たそうという覚悟も芽生えないように思います。

そういう意味でも、中小企業の経営者が大事にすべきは「会計力」です。そこで「稼ぐ力」を身につけないかぎり、会社の成長も社会の発展もありません。そしてその力は、富士山の裾野のごときどっしりとした自己資本を蓄えることで高まります。

多くの社長たちが**真の「経営者」となり、会計力によって盤石な会社を築き上げること**を願ってやみません。

おわりに

最後までお読みいただきありがとうございました。会計で会社を強くする自信をお持ちいただけたでしょうか。

私事で恐縮ですが、事務所を開業してちょうど30年が経ちました。よくぞ30年、幸運にも経営を続けられたものです。いま、時の重さを感じています。30年という時間があれば何でもできる！　かなわないことはない！　そんな心境です。

おかげさまで多くの経営者の方々と真剣勝負の日々を過ごさせていただきました。何より嬉しいのは、関与先第1号の株式会社八美がいまでも存続されていることです。現代表は3代目ですが、創業者の「会計事務所を絶対に変えるな」という遺言を守ってくださっています。志半ばにして無念の倒産を余儀なくされた方もいます。その渦中で、最愛の奥さまに先立たれました。気落ちされてどうなるかと心配でしたが、いいしれぬご苦労と悲しみを見事に乗り越え、いまもお元気です。すでに顧問関係はないのに、盆暮れにはご挨拶をいただき近況を伝え合っています。

人生の先輩方から、それぞれの信条を教えていただき、ありのままの経営を見せていただき、学ばせていただきました。一社一社の思い出をすべて書き綴りたい、本当に感謝の気持ちでいっぱいです。すべてのお客さまが、かけがえのない経営の師匠です。

30年事務所を経営してきたなかで得られたもうひとつの幸運は、お客さまに加えて、職業上の師を持てたことです。すでに故人となられた、TKC全国会初代会長の飯塚毅博士です。先生は「巡回監査をやらない者は日本の職業会計人ではない」と断言されました。巡回監査は税理士法上の要請だという解釈です。

師と決めたわけですから、指導どおり巡回監査を実践しました。年間12回×年数×関与先数。膨大な巡回監査の積み重ねの果てに、先生の言葉が何とか腹に落ちました。

先生の不変の理念は「自利利他（自利とは利他を云う）」です。この理念を事務所経営の根本に据えました。先生は「利他に徹する経営は無限に発展する」とおっしゃり、さらに「経営とはその自利利他を実現すべき人間の営みである」と展開されました。

私はいつしか、これらの言葉を、経営者にこそ届けなければならないメッセージだと思うようになりました。そして単なるスローガンではなく実践原理として、財務諸表に落とし込むことはできないかと考え続けました。そこからひとつひとつ見えてきたのが、本書でご紹介した「型」です。お客さまの決算書を理念に照らし、お客さまの現在の経営状態から理念に立ち返る。この反復で煮詰められ、できあがった「型」です。

中小企業経営者が「型」を武器として経営に挑戦したとき、日本はどうなるでしょう。世界情勢がどのようになろうともブレることなく「型」づくりに励めば、明るい希望のある未来が開けていくと確信しています。

今後はこの「型」の普及に全力を注ぎます。中小企業が元気になれば日本は元気になります。中小企業が元気なら、日本はいつでも元気です。

30年私を支えてくれた妻に感謝しつつ、この本がひとりでも多くの未来の経営者の心に届くことを願い、ペンをおきます。

２０２５年３月

山下明宏

著者略歴

山下明宏《やましたあきひろ》

山下明宏税理士事務所所長。税理士、巡回監査士。
一九六三年東京都生まれ。
TKC東京都心会所属、同会顧問。
中小企業の自計化の推進、税務調査省略、申告是認等、
税理士の本来業務にとことんこだわる傍ら、
「中小企業の発展こそが日本経済を支える」をモットーに、
資金調達、認定支援機関としての経営助言など、
通常の税理士業務にとどまらない精力的な活動を展開している。
著書に『テキトー税理士が会社を潰す』（幻冬舎メディアコンサルティング）、
『小さな会社を強くする会計力』（幻冬舎新書）がある。

幻冬舎新書　761

稼ぐ力は会計で決まる

二〇二五年三月二十六日　第一刷発行

著者　山下明宏
発行人　見城徹
編集人　小木田順子
発行所　株式会社　幻冬舎
〒一五一-〇〇五一　東京都渋谷区千駄ヶ谷四-九-七
電話　〇三-五四一一-六二一一(編集)
〇三-五四一一-六二二二(営業)
公式HP　https://www.gentosha.co.jp/
ブックデザイン　鈴木成一デザイン室
印刷・製本所　株式会社　光邦

GENTOSHA

検印廃止

Printed in Japan　ISBN978-4-344-98764-7 C0295
や-16-2

*この本に関するご意見・ご感想は、左記アンケートフォームからお寄せください。
https://www.gentosha.co.jp/e/